"十三五"职业教育国家规划教材

汽车专业职业教育情境化教学通用教材
QICHE ZHUANYE ZHIYE JIAOYU QINGJINGHUA JIAOXUE TONGYONG JIAOCAI

汽车保养与维护

主编 谭本忠

山东科学技术出版社
·济南·

图书在版编目（CIP）数据

汽车保养与维护 / 谭本忠主编. --济南：山东科学技术出版社，2013.2（2023.4 重印）
汽车专业职业教育情境化教学通用教材
ISBN 978-7-5331-6505-5

Ⅰ. ①汽… Ⅱ. ①谭… Ⅲ. ①汽车-车辆保养-中等专业学校-教材 ②汽车-车辆修理-中等专业学校-教材 Ⅳ. ①U472

中国版本图书馆CIP数据核字（2013）第024584号

主编： 谭本忠

编者： 胡波勇 谭敦才 于海东 邓冬梅 张 青 陈海波
蔡晓兵 葛千红 胡 波 谭玉芳 张国林 曾淑琴
黄园园 刘家昌 周景良 曾瑶瑶 于梦莎 陈甲仕
张捷辉 王世根 陈新喜 何柏中 罗冬冬 张丕武

汽车保养与维护

QICHE BAOYANG YU WEIHU

责任编辑：王培强

主管单位：山东出版传媒股份有限公司
出 版 者：山东科学技术出版社
地址：济南市市中区舜耕路517号
邮编：250003 电话：（0531）82098088
网址：www. lkj. com. cn
电子邮件：sdkj@sdcbcm. com
发 行 者：山东科学技术出版社
地址：济南市市中区舜耕路517号
邮编：250003 电话：（0531）82098067
印 刷 者：济南鲁艺彩印有限公司
地址：济南历城区临港国际智能制造产业园33号
邮编：250101 电话：（0531）88665353

规格： 16开（210 mm × 285 mm）
印张： 10
版次： 2013年2月第1版 **印次：** 2023年4月第7次印刷
定价： 38.00元

从 书 序

当前，我国职业教育正大力推行以就业为导向培训实用型人才。怎样培养出优秀的实用型人才，解决这个问题需要从改变传统的教学模式、方法入手，各地职业学院也纷纷进行教学改革，包括教材的改编与更新。这其中就包括情境化教学的试点与推广。

什么叫情境化教学，就是模拟实际的工作情境和工作任务来设置学习任务，围绕完成这项工作所需掌握的知识和技能，对学生进行培训。这样，学生在学校就能学到真正实用的知识和技能，上岗后马上就能适应工作环境，胜任工作任务。

用于汽车专业的情境化教学教材，按汽车结构的特点和维修分工的不同，分为发动机构造、电控发动机、底盘构造、自动变速器、电器、空调、安全舒适系统、汽车电脑、汽车美容与装饰、汽车文化等十八个分块。以上各个系统总成又按结构功能细分到部件，针对各部件在实际工作中可能遇到的故障，我们对大量的案例进行归纳总结，提取出最典型的事件作为学习情境的设置。

每一个学习情境就相当于一个工作任务。那么，完成这个任务必须掌握哪些理论知识（必知），需要具备哪些技能（必会），同时，在完成任务的过程中要注意哪些事项（如作业安全与环保），又有哪些经验技巧可以供参考，这些内容的讲述就构成教材情境的“骨肉”。

做什么，学什么；学什么，用什么。使之学以致用，为实用而学，这是情境化教学的最大特点。

为了突出教学效果，提高学员对知识与技能的理解程度和学习兴趣。我们为这套教材开发了相应的多媒体教学课件（与教材同步，综合教学所要用到的图片、动画、视频、文本等）和电子教学讲义。技能实际操作部分，我们全部拍制成实况录像，使学员可以身临其境地进行模仿和学习。教师若有需要可向出版社免费索取（0531-82098053）。

汽车专业职业教育情境化教学通用教材的模块组成如下：

- 发动机构造与维修
- 汽车底盘构造与维修
- 汽车电器构造与维修
- 电控发动机原理与维修
- 自动变速器原理与维修
- 汽车安全舒适系统原理与维修
- 汽车空调原理与维修
- 电控柴油发动机构造与维修
- 汽车电脑原理与维修
- 汽车车身构造与修复
- 汽车保养与维护
- 汽车检测与故障诊断技术
- 汽车机械基础
- 汽车电学基础
- 汽车美容与装饰
- 汽车构造
- 汽车电子控制技术
- 汽车文化与概论

各汽车院校与职业培训机构可以根据开设专业的教学需要选取不同的模块教材。采用情境化教学教材，实施情境化教学，将大大提升学生的学习兴趣、分析问题的能力和动手能力，同时也将为教师教学带来更多方便，使专业教学更轻松，更具实效性。

目　录

汽车底盘的保养与维护

第四部分 93

汽车车身的保养与维护

第五部分 121

汽车电器设备的保养与维护

第六部分 130

第一部分

汽车保养与维护绪论

情境一：汽车技术状况概述

汽车是由成千上万个零部件组合而成的，零部件之间大部分是机械连接，因此发生磨损在所难免。随着行驶里程的增加，汽车内的零部件之间的连接技术状况发生变化，使用性能逐渐变差，并通过各种形式表现出来，直至丧失工作能力。因此，掌握汽车技术状况变化规律，合理使用、及时维护车辆，确保技术状况良好，对延长汽车使用寿命有着重要意义。

一、汽车技术状况的变化规律及表现

1. 汽车技术状况的变化规律

汽车技术状况是定量测得的某一时刻汽车外观和性能综合参数值的总和。汽车技术状况变化规律是指汽车技术状况与行驶里程或时间的关系。了解和掌握其变化规律，采取相应措施以延长汽车的使用寿命。

（1）磨损特性曲线

通常以汽车主要部件的磨损情况作为衡量汽车技术状况变化的技术指标。

研究结果表明，零件的磨损过程一般分为三个阶段，见图1-1。

阶段一：走合期

零件的走合期一般为1 000～1 500km。主要特点：在较短的里程（或时间）内零件的磨损速度较快，当配合零件走合良好后，磨损速度开始减慢。机件在走合期的磨损量主要与机件加工工艺质量及走合期的使用维护有关。在车辆使用中，走合维护的执行很重要。

阶段二：正常工作期

零件的正常工作时期磨损量小。主要特点：零件的磨损速度随汽车行驶里程的增加而减缓。由于零件工作表面已经磨合、润滑条件较好，相配零件的间隙在正常技术范围内，

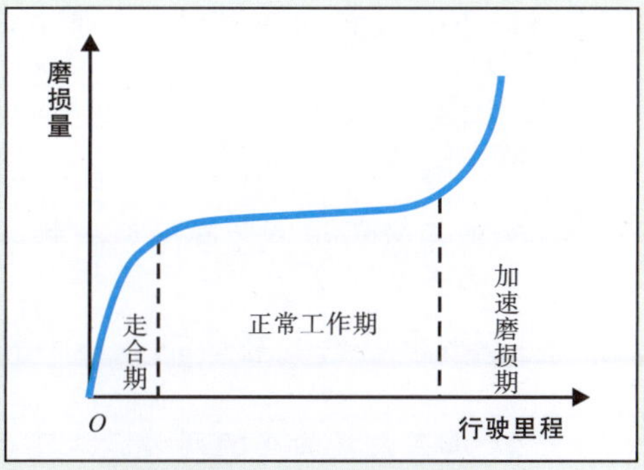

图1-1 零件的磨损特性曲线

所以此阶段的磨损缓慢。但正常工作阶段维持时间的长短取决于零件的材料、结构、使用条件及是否正确维护。若合理使用，强制维护，汽车保持良好技术状况的时间就能得以延长。

阶段三：加速磨损期

加速磨损期主要特点：相配零件间隙已达到最大允许使用极限，磨损量急剧增加。由于间隙增大，润滑油膜难以维持，冲击负荷增大，磨损量也增大，即出现故障，如：异响、漏气、振抖、温度异常等现象。此时，若继续使用，就会有异常磨损，使零件迅速损坏，只有经过大修，才能恢复汽车的使用性能。

通过对汽车零件磨损特性曲线的分析，可以看出汽车的使用寿命与走合期和正常工作时期的使用有很大的关系。要延长汽车使用寿命，必须合理使用汽车，定期做好汽车技术维护，才能保障车辆完好的技术状况。

（2）技术状况分级

交通部颁发的JT／T198-85《汽车技术等级评定标准》是评定汽车技术状况的技术分级标准。

它根据汽车使用年限和在此年限内对汽车动力性、燃料经济性、制动性、转向操纵性、灯光、噪声、废气排放、整车外观等项目测得的技术数据与技术规范要求相符合的程度，将汽车划分为一级车、二级车、三级车、四级车4类，每半年核定一次。目的是使运输管理部门和运输单位通过定期车辆综合鉴定，核定其技术状况等级，以便掌握车辆的技术状况，有计划地安排与组织维修和合理更新改造。

现将各级车的基本标准说明如下：

一级车

一级车是指新车行驶到第一次定额大修间隔里程的2／3和第二次定额大修间隔里程的2／3以前的车辆，即完好车。一级车各主要总成的基础件和主要零部件坚固可靠，技术性能良好；发动机运转稳定，无异响，动力性能良好，燃润料消耗不超过定额指标，废气排放、噪声符合国家标准；各项装备齐全、完好，在运行中无任何保留条件。上述情况概括起来，一级车评定的标准有三条：

（1）车辆技术性能良好，各项主要技术指标符合规定要求。

（2）车辆行驶里程必须是在其相应定额大修间隔里程的2／3内。

（3）车辆状况良好，能随时行驶参加运输生产。

上述3项中，凡有一项达不到要求的不能核为一级车。

二级车

二级车主要是指基本完好的车辆，其主要技术性能和状况或行驶里程低于完好车的要求，但符合GB 7258-2017《机动车运行安全技术条件》的规定，能随时行驶参加运输。

三级车

三级车主要是指需要修理的车辆。送大修前最后一次二级维护后的车辆和正在大修或待更新尚在行驶的车辆。其含义是：

（1）技术状况和性能较差，不再计划作二级维护作业即将送大修，但仍在行驶的车辆列为三级车。

（2）正在大修的车辆列为三级车。

（3）技术状况和性能变坏，预计近期更新但还在行驶的车辆列为三级车。

四级车

四级车是指预计在短期内不能修复或无修复价值的车辆，即停驶车辆。其含义是指已不能行驶但又尚未报废的车辆，列为四级车。

综上，汽车技术等级的划分是遵循汽车技术状况的变化规律，是与具体实践量化的结合。

2. 汽车技术状况变化的表现

汽车是消耗品，随着行驶里程的增加和外界条件的变化，车辆技术状况逐渐变差。导致车辆技术状况的变化的原因有很多（例如自然磨损、零件腐蚀、疲劳损伤、变形、材料老化及偶然损伤等），但主要的是零件工作表面严重磨损所致。要了解车辆技术状况的变化，一般可以通过相继出现的种种外观症状来推断汽车技术状况变化的程度。

（1）评价汽车使用性能指标

动力性

汽车动力性指标是指汽车在良好的路面上行驶时由汽车受到的纵向力决定的，汽车所能达到的平均行驶速度。具体评价指标：最高行驶速度、加速时间、加速距离、最大爬坡度。根据试验资料，在汽车行驶到接近大修里程时，发动机功率下降20%以上，最大行驶速度比新车额定车速下降10%～15%，而加速时间增加25%～30%。

经济性

经济性的具体指标有：燃油和润滑油料消耗量、维修费用、运输成本等，当汽车行驶一定里程后，耗油量超过额定量15%，润滑油料消耗达1L/100km以上，排烟增多或有异味，说明该车辆的经济性显著下降。燃油汽车的经济性与很多因素有关，如行驶速度，当汽车在接近于低速的中等车速行驶时燃油消耗量最低，高速时随车速增加而迅速增加。另外，汽车的保养与调整也会影响到汽车的油耗量。

安全性

汽车安全特性下降主要有：汽车制动距离增长；跑偏量增大；制动机构反应迟缓、甚至常出现失灵；转向操纵沉重；摆振不断增加；行驶过程中噪声、振抖、异响不断增多；排气中的有害气体或烟度不断增加等等。

可靠性

汽车可靠特性是指汽车在特定条件下和规定时间内，完成规定功能的能力。通俗地说，就是汽车在长时期使用过程中，能够保持无故障工作的能力。汽车可靠性下降主要表现在汽车运行过程中，随着使用时间或行驶里程的增加，因技术故障停歇的时间增多，而故障率明显上升。汽车的可靠特性与使用时间的关系如图1-2。

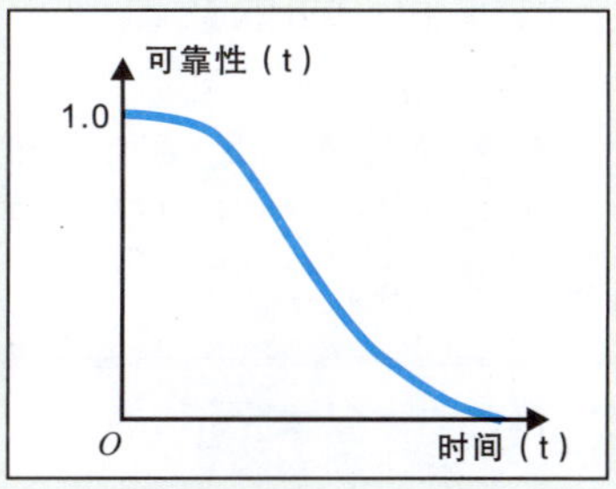

图1-2 汽车可靠特性曲线

上述四个汽车使用性能指标的变化，通常是通过外观症状来评定的。若有条件，可以通过测定发动机和底盘的技术参数来合理评定汽车技术状况。

（2）用技术参数评定技术状况

发动机技术参数

常见评价发动机技术状况的参数有发动机功率、燃油和机油消耗量、发动机燃烧质量、汽缸压缩力、曲轴箱窜气量、汽缸漏气率、进气歧管真空度、点火系工作质量、机油压力、机油品质、发动机温度、发动机异响和振动等。在诊断发动机技术状况时，可在上述参数中，选择几项与发动机功率、油耗、磨损三方面有关的参数进行检测，这是因为功率与油耗决定了发动机的工作特性和经济指标；而磨损情况是发动机继续工作或需进行维修的依据。

底盘技术参数

评价底盘技术状况的技术参数有驱动车轮的驱动力、制动距离、车轮制动力和制动踏板作用力、制动减速度、最大转角、转向轮定位、侧滑量、车轮不平衡量、汽车前照灯光轴与照度、底盘的异响和振动、滑行距离及底盘某些主要总成件的工作温度等。在日常诊断底盘技术状况时，可从安全（制动、转向）、动力（驱动车轮的牵引力、车速）和异响三个方面的参数作为评价依据。

二、导致汽车技术状况变化的因素

导致汽车技术状况变化的因素是多方面的，概括起来有以下几种主要因素：

1. 汽车结构和制造工艺

汽车零件结构设计的先进性和合理性，制造与装配的质量，材质的优劣，都直接影响着汽车使用寿命。先进科学技术和管理办法的引入，新技术、新工艺、新设备、新材料的采用，汽车的质量和使用可靠性不断提高，都可延长汽车的使用寿命。

2. 燃料和润滑品质

（1）燃料的品质

燃料的使用性能直接影响发动机的工作性能。若选用不当，则易引起发动机爆燃，加剧零件的磨损和损坏，导致功率下降，同时使润滑油变质，造成浪费，增加成本。因此，只有正确合理的选用，才能使车辆获得良好的动力性、经济性。

（2）润滑油的质量

润滑油对汽车发动机工作，及其他汽车零件的耐久性、可靠性、经济性和工作能力发挥具有重要作用。正确合理使用润滑油可以降低发动机功率消耗、减轻零件磨损、延长零件使用寿命，从而延长汽车使用寿命。

3. 运行条件

（1）气候因素

汽车在不同气温条件下工作时，对技术状况变化的影响很大。

温度过高

发动机易过热，机罩内工作温度能升高到70～75℃，使空气密度减小，充气系数下降，导致发动机功率下降，压力减小，加速润滑油的氧化变质以及发动机磨损加剧。

高温环境的汽油供油系易产生气阻现象，致使汽车不能行驶或难以启动；气温高时，橡胶老化速度加快，行驶散热不良，轮胎内温度升高，使气压增大，因而容易爆胎。冷却水温对发动机磨损的影响见图1-3。

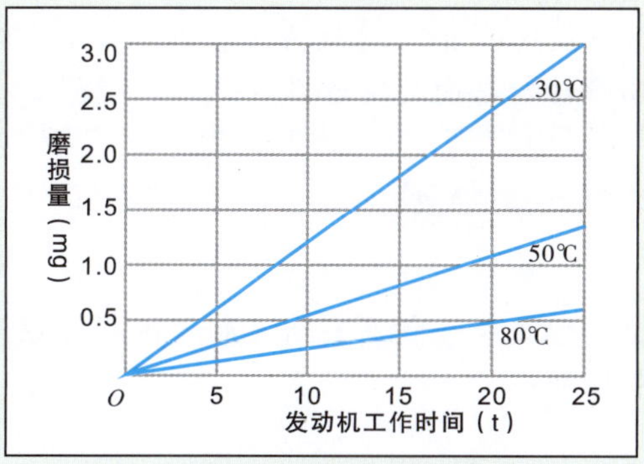

图1-3 冷却水温对发动机磨损曲线

高温条件下改善汽车性能采取的措施，见表1-1。

表1-1 高温条件下改善汽车性能采取的措施

加强季节维护	①换用夏季润滑油。 ②加强对冷却系的检查与调整。 ③适当调整化油器，降低浮子室油平面高度，适当减少主喷管与省油器出油量。 ④调整电气系统，经常检查蓄电池的电解液相对密度和液面高度，并及时加注蒸馏水。适当调小调节器充电电流和点火提前角。
防止供油系气阻	改善发动机的散热和通风，以及隔开供油系的受热部分。
防止发动机爆燃	发动机在高温下，可适当推迟点火提前角，改善进气温度，使之少受发动机热辐射的影响。另一方面，还可以提高发动机冷却系的冷却强度来改善使用性能。
防止轮胎爆破	在运行中，应经常检查轮胎的温度和气压，保持规定的气压标准。

温度过低

温度过低对润滑油的影响最大。低温使润滑油黏度增大，不能及时进入零件摩擦表面，使磨损加剧；也使发动机启动困难；燃料消耗量增加；汽车使用的非金属材料（如塑料、橡胶制品等），在严寒气候条件可使之冻裂、硬化或降低零件的结构强度等。

加强季节性维护，选用冬季用的燃料和润滑油；检查冷却系，检查和调整油、电路；备好过冬装备；冷却液使用防冻液等。

（2）道路条件因素

汽车在不良路面上行驶时，行驶阻力增加，各零件总成承受冲击载荷大而频繁。行驶速度经常变化，换挡次数增加使传动机构磨损增大；不良路面尘土较多，飘浮的尘埃通过空气、燃油、润滑油进入发动机汽缸内部，加速活塞环、曲轴轴承等的磨损，使汽车技术状况迅速变差。

改善方法1

提高车轮与路面的附着力，防止车轮滑转。在冰雪路面上行驶时，可在驱动轮上装防滑链，以提高车轮与路面的附着系数。

改善方法2

采取合理的驾驶方法。松软道路上附着系数很低，在驾驶时，不能使用紧急制动，转向也不要过急，以免发生侧滑；当车轮陷入泥泞道路空转打滑时，不可盲目地加大加速踏板行程强行驶出，以免越陷越深。

改善方法3

合理选用汽车轮胎。汽车车轮对其通过性有很大影响，为提高汽车通过性，必须正确选择轮胎气压、花纹、结构参数，使汽车行驶阻力最小而又获得最大附着力。

4. 车辆载荷、速度和驾驶操作

驾驶操作对汽车使用寿命的影响是一个重要因素。驾驶员的素质表现在以下两个方面：

素质表现1

爱惜车辆，做到勤检查勤维护，经常保持车辆处于良好的技术状况。

素质表现2

对驾驶操作技术精益求精。驾驶操作过程中，能冷摇慢转，预热升温，轻踏缓抬、均匀中速、行驶平稳，正确换挡、爬坡自如，合理的安全情况下滑行，掌握温度，保持发动机的最佳热状况和良好的润滑条件，以及在装运中做到装载均匀不超载等。这样，车辆的使用性能不仅得到充分发挥，而且使用寿命也大大提高。

5. 车辆维修质量

维修质量是汽车技术状况变化的关键性影响因素之一。车辆除在使用过程中，能按照要求进行润滑、检查、紧固和调整作业外，在维修中还需注意几点：

注意事项1

贯彻汽车维护规范，按维护制度要求，对各级维护内容、技术要求进行作业，不漏项、不减项。

注意事项2

按国家技术标准对需修汽车进行相应级别的修理，提高汽车的完好状况。

注意事项3

加强对维护和修理车辆的及时检测，确保维修质量达到规定指标。返工率小于5%，一次合格率大于85%。

情境二：汽车维修制度

一、我国现行的汽车维修制度

1. 我国现行的汽车维护制度

我国现行的汽车维护制度以贯彻“预防为主，强制维护”的原则。“预防为主”的设备管理原则世界通行，只有做好事前的预防性工作，才能使设备经常保持良好的技术状况，减少故障频率，降低消耗，延长使用寿命。现行的汽车维护制度，将过去的计划预防维护制度的“定期维护”改为“强制维护”，这是为了进一步强调维护的重要性和必要性，使运输单位和个人更加重视车辆的维护，防止因追求眼前利益而不及时维护，从而导致车况严重下降，影响安全生产。

（1）维护分类、作业内容

维护分定期维护和非定期维护，见图1-4。

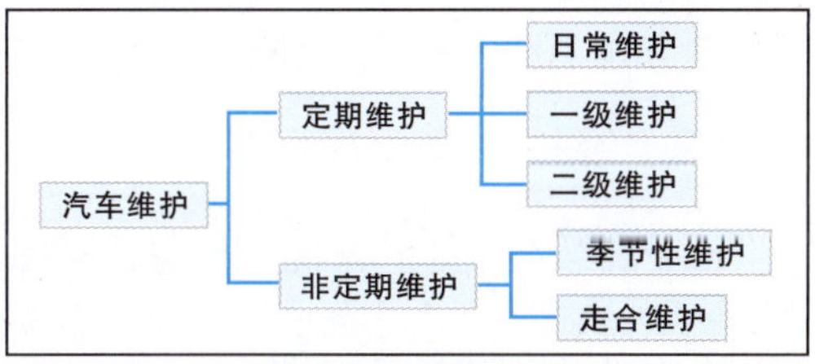

图1-4 汽车维护分类

日常维护

这个是出车前、行车中、收车后的作业，由驾驶员负责执行的，主要是清洁、补给和安全检视，是保持车辆正常工作状况的经常性、必须的工作；汽车日常维护包括内容是：对汽车外观、发动机外表进行清洁，保持车容整洁；对汽车各部润滑油（脂）、燃油、冷却液、制动液、各种工作介质、轮胎气压进行检视补给；对汽车制动、转向、传动、悬挂、灯光、信号等安全部位和位置以及发动机运转状态进行检视、校紧，确保行程安全。

一般地，日常维护安排在出车前、行车中、收车后进行。

一级维护

一级维护是由专业维修厂负责执行。其主要内容除日常维护工作外，以清洁、润滑、紧固为主，并检查有关制动、操纵等安全部件。坚持“三检”，即出车前、行车中、收车后检视车辆的安全机构及各部机件连接的紧固情况，保持“四清”，即保持润滑油、空气、燃油滤清器和蓄电池的清洁，防止“四漏”，即防止漏水、漏油、漏气、漏电等。

一级维护的周期为：车辆每行驶2 000～3 000km或根据车型要求。

二级维护

二级维护是由专业维修厂负责执行。其主要内容除一级维护作所包括的工作外，以检查、调整转向节、转向摇臂、制动蹄片、悬架等经过一定时间的使用容易磨损或变形的安全部件为主，并拆检轮胎，进行轮胎换位。

二级维护的周期：依据各地条件不同在10 000~15 000km范围内选定，或者间隔时间为60～90天。

季节性维护

由于冬、夏季的温差大，为使车辆在冬、夏季的合理使用，在换季之前应结合定期维护，并附加一些相应的项目，使汽车适应气候变化了的运行条件，此种附加性的维护称为季节性维护。

入冬前，为使汽车适应低温的运行条件，应结合二级维护进行一次季节性技术维护。

（1）换用冬季润滑剂和其他工作液发动机机油和车辆齿轮油应选用冬用粘度级或多粘度级润滑油；润滑脂应选用耐低温的润滑脂。

（2）加装保温设施汽车在严寒地区使用时，加装保温设施的目的是使发动机在正常的热状态下工作及随时顺利起动出车，以减少机件的磨损和节约燃油。

（3）进行油电路调整由于燃油在低温时雾化、蒸发不良，通常在某些工况需要更多地供应一些燃油，以作补偿，使混合气能适应低温工作的需要。

走合维护

为保证汽车的使用寿命，新车、大修车以及装用大修发动机的汽车必须进行走合期的磨合，并在走合期结束时进行一次走合维护，其作业项目和深度按汽车生产厂家的要求进行。走合期间汽车磨合的状况好坏，直接关系着汽车寿命的长短。除了必须按生产厂家的规定驾驶汽车外，做好这个期间的维护工作，会有利于汽车机件的磨合。因此，要认真对待，不得疏忽。

新车走合期结束的维护，一般是由生产厂家免费提供服务。走合期间的维护内容比较简单，在不出现特殊情况下，驾驶员自己可以完成。汽车走合期的里程为1 500~8 000km（部分进口汽车将首次维护里程定为7 500~10 000km），维护内容主要是清洁、润滑、紧固等。

（2）维护的作业规范

维护作业的内容：清洗、检查、补给、润滑、紧固、调整等。

一般地，除主要总成发生故障必须解体外，不得对车辆总成进行解体，这就明确了维护和修理的界限。车辆进行维护时，不能对其主要总成大拆大卸，只有在发生故障需要解体时方允许进行解体。很明显，与过去的维护制度比较，现行的维护制度有以下特点：

特点1

没有对各级维护周期作统一规定，由各省、市、自治区按车型，结合本地区具体情况提出统一的维护周期，但制定了车辆维护技术规范以保证车辆正常维护质量。

特点2

对季节性维护作了规范：当车辆进入冬、夏两季运行时，一般结合二级维护对车辆进行季节性维护。

特点3

取消了整车解体式的三级维护。经生产实践证明，对主要总成大拆大卸的工艺方法是不科学的，也是不符合技术经济原则的。同时，“三级维护”作业内容既有维护的作业又有修理的作业，不便于维护与修理的区分。

2. 我国现行的汽车修理制度

我国现行的汽车修理制度贯彻视情修理的原则。这个原则是随着汽车检测诊断技术的发展和维修市场的变化提出的。过去的“计划修理”往往因计划不周或执行不彻底造成修理的不及时或提前修理，其结果致使车况急剧恶化或执行不彻底造成不应有的浪费。而现在的“视情修理”是建立在检测诊断的基础上，不是依照车辆使用者的意见随意确定的修理。“视情修理”也并不意味着由此取消车辆或总成的大修。归结起来，现行的汽车修理制度的特点：

特点1

由原来的行驶里程为基础确定车辆的修理方式改变为以车辆的实际技术状况为基础的修理方式。

特点2

车辆修理的作业范围是通过检测诊断后确定的，所以检测诊断技术是实现视情修理的重要保证。

特点3

视情修理体现了技术与经济相结合的原则。

车辆修理按作业范围可分为汽车大修、总成大修、汽车小修和零件修理。

（1）车辆大修

用修理或更换车辆任何零件的方法，恢复车辆的完好技术状况和完全（或接近完全）恢复车辆寿命的恢复性修理，其目的是恢复车辆的动力性、经济性、可靠性和原有装备，使车辆的技术状况和使用性能达到规定的技术条件。

（2）总成大修

用修理或更换总成任何零部件（包括基础件）的方法，恢复某一总成的完好状况和寿命的恢复性修理。

（3）车辆小修

用更换或修理个别零件的方法，保证或恢复车辆工作能力的运行性修理，主要在于排除车辆运行中发生的临时故障和发现的隐患及局部损伤。

（4）零件修理

是对因磨损、变形、损伤等原因而不能继续使用的零件进行修理。零件修理要遵循经济合理的原则，是修旧利废、节约原材料，降低维修费用的重要措施。

3. 车辆的送修标志

要确定车辆及其总成是否需要大修，必须掌握车辆和总成大修送修标志。

汽车大修送修标志

客车以车厢为主，结合发动机总成；货车以发动机总成为主，结合车架总成或其他两个总成符合大修条件的。

挂车大修送修标志

挂车车架（包括转盘）和货厢符合大修条件。

定车索引的半挂车和铰接式客车，按照汽车大修的标志与牵引车同时进厂大修。

总成大修送修标志

◇发动机总成：汽缸磨损、圆柱度误差达到0.17~0.25mm或圆度误差已达到0.050 mm（以其中磨损量最大的一缸为准），最大功率或汽缸压力标准降低25%以上，燃料和润滑油消耗量显著增加。

◇车架总成：车架断裂、锈蚀、弯曲、扭曲变形逾限，大部分铆钉松动或铆钉孔磨损，必须拆卸其他总成后才能进行校正、修理或重铆，方能修复。

◇变速器（分动器）总成：壳体变形、破裂、轴承承孔磨损逾限，变速齿轮及轴恶性磨损、损坏，需要彻底修复。

◇后桥（驱动桥、中桥）总成：桥壳破裂、变形、半轴套管承孔磨损逾限，减速器齿轮恶性磨损，需要校正或彻底修复。

◇前桥总成：前轴裂纹、变形，主销承孔磨损逾限，需要校正或彻底修复。

◇客车车身总成：车厢骨架断裂、锈蚀、变形严重、蒙皮破损面积较大，需要彻底修复。

◇货车车身总成：驾驶室锈蚀、变形严重、破裂或货厢纵横梁腐朽，底板、栏板破损面积较大，需要彻底修复。

根据交通部的有关规定，对送修车辆及总成必须具备以下装备条件：

◇除肇事或长期停驶等特殊情况外，送修汽车必须保持行驶状态；送修总成应在装合状态。

◇送修车辆或总成的有关技术资料应随同车辆或总成进厂。

◇除少数通用件外，送修车辆或总成应装备齐全，零件、总成不得缺少或拆换。

◇送修车辆必须配齐轮胎，并充足气压。

◇随车工具及备用品，不属于汽车附件者由送修者自行保管。

二、汽车维修的工艺组织

1. 汽车技术维护的工艺组织

（1）汽车技术维护作业内容

汽车技术维护作业是汽车在技术维护过程中必须完成的技术措施。按其维护操作特点和执行条件，可分为以下几个基本单元：

清洁养护作业

清除汽车外部污泥，打扫、清洗和擦拭车厢、驾驶室及各类附件，使车辆外表保持整洁、美观。

检查与紧固作业

检查和紧固车辆各总成和零部件的外部连接螺栓，更换配置失落或损坏的螺钉、螺栓、销子和油嘴等零件。

检查与调整作业

检查车辆各机构、总成和仪表的技术状况，必要时按使用要求进行调整。

电气作业

对汽车所有电气仪表及设备进行清洁检验，调整和润滑等作业。更换或配置已损坏的零部件及导线，检验与维护蓄电池。

润滑作业

清洗发动机润滑系统和机油滤清器，更换或添加润滑油，更换滤清器滤网；加注底盘润滑油或润滑脂；更换或添加制动液和减振液等。

轮胎作业

检查轮胎气压及充气；检查外胎及清除嵌入物；更换内外胎和换位等作业。

补给添加作业

检查油箱存油量，加添燃料、水和液体等。

上述的划分，有利于工人迅速掌握并熟练操作技术，有利于设备、工具的配备和使用；有利于减轻工人的劳动强度，提高工作质量和工作效率。

（2）汽车技术维护工艺

汽车技术维护工艺是指汽车维护的各种作业按一定方式组合、协调、有序地进行的过程。其目的通过一定顺序进行维护工作，实现高效、优质、低消耗。

汽车技术维护工艺的划分具有灵活性。可以按作业的内容单一划分；可以将几个内容结合进行；也可以按汽车组成部分划分。总之，不管采用何种方式的工艺，首先应符合车辆运行的工作制度，做到充分利用人力、物力，有机地组织和协调生产，以获取最高效益，取得最佳效果。

根据生产实践，汽车各级维护工艺顺序大致为：

步骤1

进行外表清洁作业；

步骤2

进行检查紧固作业，与此同时或在其后进行试验调整作业、电气作业、轮胎作业和添加作业等；

步骤3

进行润滑作业和外表整修作业。

（3）汽车技术维护工艺的组织

汽车技术维护工艺的组织通常指在车间、工段或工位上的工艺组织。当汽车进场后，生产管理部门需要从全局出发，进行劳动组织工作。按照技术维护生产过程，正确合理地组织汽车技术维护作业，以获得最短的停场维护时间和合格的维护质量。

汽车技术维护作业组织形式的确定，与维护场地布置及企业车辆保有量有关，并与汽车维护作业方式相对应。一般维护工艺的组织形式有两种：

综合作业法

综合作业是把人数不多的工人组织成立一个维护小组，担任一辆汽车的某一级维护作业。所有应进行的维护作业项目及维护过程中发现的小修作业，都由该维护小组完成。这种劳动组织形式适用于定位作业法，由于维护工人少、速度慢、工作效率低，因而在车辆少、车型复杂、维修设备简单的企业采用。

专业分工法

专业分工是在维护小组内配备专业工人，每个专业工人都按固定的分工项目进行作业，这种组织方式既适用于定位作业法，也适用于流水作业法。采用定位作业法时，专业工人在车辆的不同部位平行交叉地在分工范围内进行作业。采用流水作业法时，把规定的维护作业项目按作业性质或作业部位划分，设置若干个专业工位，每个工位都配备必要的机具设备和专业工人。各工位按照维护作业顺序排列成流水作业线，车辆按顺序间歇地通过整个作业线，即可完成全部维护作业。

这种劳动组织适合于企业具有同类型的汽车数量较多；维护工作有经常固定的内容和较固定的劳动量，并要求维护所需时间短，则采用流水作业法较为合适。

（4）汽车技术维护检测诊断与维护作业的组织

随着社会科学技术进步和新的维修制度的贯彻，车辆检测诊断设备得到了广泛的应用，检测诊断技术已在车辆维修技术措施中获得了重要地位。

采用检测诊断技术后，汽车维护生产作业的流程有一定的改变，见图1–5。它与一般的技术维护生产作业流程方案的不同之处就在于增设了技术检测工序。

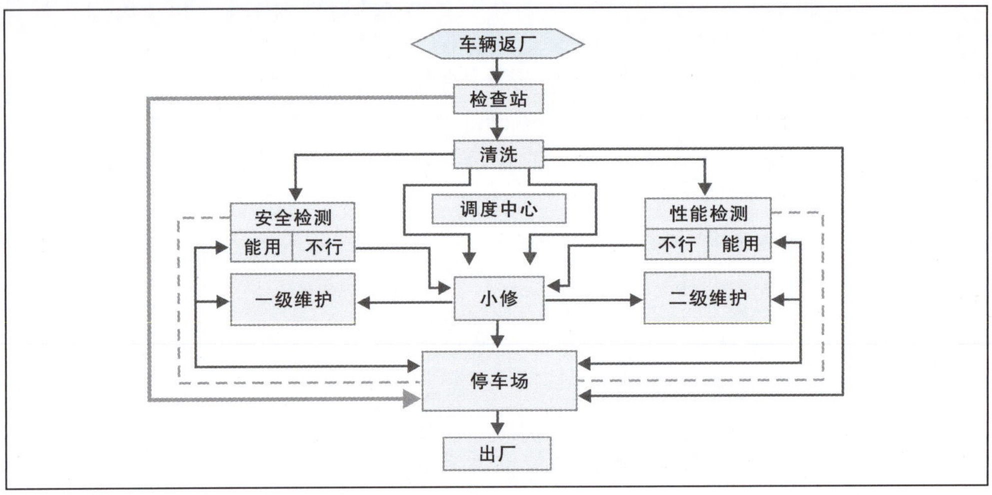

图1–5 维修厂内技术检测与维修作业流程组织方案

从维修作业流程图中可以看出，汽车回厂，作为一般性日常维护需要，需经检查和清洗，然后分四种情况进行安排：

状况1

对已列入需进行一级维护的车辆，先进行安全检测。按项目对车辆进行确切检测、诊断后，送入一级维护或小修车间。

状况2

对需进行二级维护的车辆，先进行安全检测，然后进入综合性能检测，待全面的技术检测诊断后，进入二级维护或小修车间。

状况3

对运行中发现的故障，需要小修的车辆因修理任务已经明确，故不经过技术检测而直接进入小修车间。

状况4

运行返场后不需要进行任何作业的车辆，在做过日常维护后，就直接驶入停车场，等候待用。

在维修作业生产流程中的安全检测工序，主要配备有：侧滑试验台、制动试验台、车速表试验台、前照灯试验仪、废气分析仪、烟度计及噪声计等检测仪器和设备。担负对汽车转向、制动、灯光等安全技术的检测，以及环境保护需要的废气和噪声的测量等。

综合性能检测工序设置了检测汽车动力性能和燃料经济性能的设备和仪器。如底盘测功机、发动机综合检测仪、油耗仪、柴油发动机检查仪等。检查汽车燃料经济性时，还可同时配检测废气排放状况以及对大气污染程度等。

2. 汽车修理的工艺组织

汽车修理作业的组织形式包括修理的基本方法、作业方法和劳动组织形式三个方面。汽车修理企业组织形式的确定根据企业生产规模、设备条件、人员素质、经济效益及外部环境等因素来合理组织生产。其中，修理的基本方法是基础，修理方法决定作业方式和劳动组织形式。

（1）基本修理方法

汽车修理的基本方法可分为就车修理法和总成互换修理法两种。

就车修理法

就车修理法指在修理过程中，从车辆上拆下的零件、组合件、总成件、除报废更换外，凡可修复的，经修理仍装回原车。这种维修方法，停车维修时间长、生产效率低，但适用于生产规模不大，承修车型复杂，送修单位不一的修理厂。就车修理法工艺流程见图1-6。

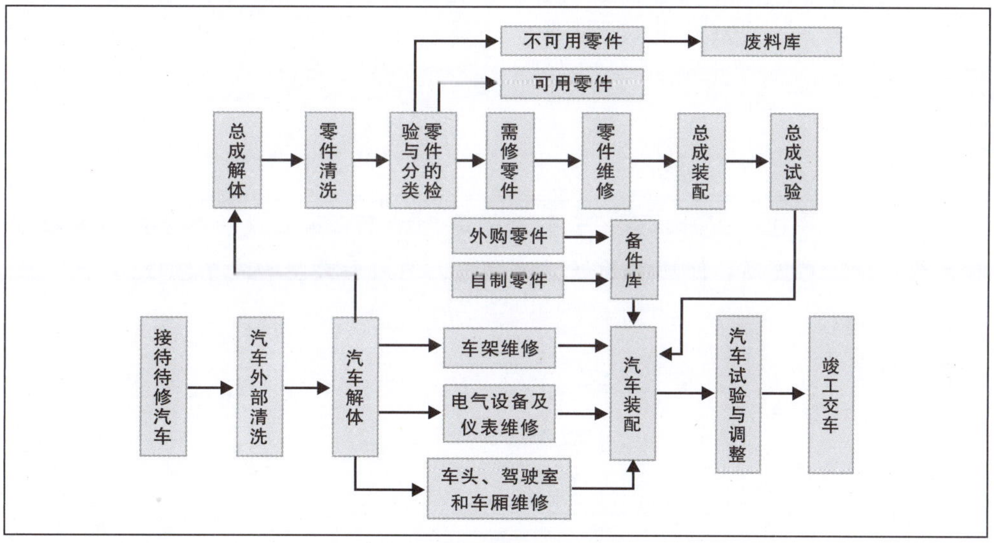

图1-6 就车修理法工艺流程

总成互换修理法

总成互换修理法指在修理过程中，除车架和车身外，其他零件、组合件及总成都换装已修好的储备件。换下来的零件、组合件及总成修好后送入库房作备用。这种维修方法停车维修时间短、生产效率高，但需要有一定的备用周转总成。适用于生产量大、维修车型和送修单位单一的大中型汽车修理厂。总成互换修理法工艺流程见图1-7。

（2）汽车修理的作业方式

汽车修理的作业方式，一般分为定位作业和流水作业。

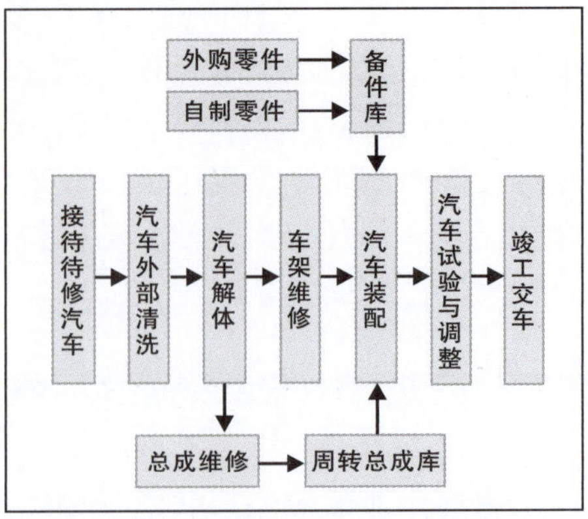

图1-7 总成互换法工艺流程

定位作业法

定位作业是指汽车的拆装作业固定在一定的工作位置上进行。此种定位作业法占地面积小，所需设备简单，适用于小型的修理厂。

流水作业法

流水作业是指由各专业工组在流水线相应的工位上顺序完成汽车的拆装及修理作业。其专业化程度高，修理质量好、生产效率高，适用于规模较大的修理厂。

（3）汽车修理的劳动组织形式

汽车修理的劳动组织形式一般分为综合作业法和专业分工法。

综合作业法

综合作业是指除车身、轮胎和机械加工等由各专业工种配合外，其他修理作业全部由一个承修组来完成。这种组织形式要求工人的技术知识全面，但熟练程度不易提高，生产效率低，修理质量差，适用于小型的汽车修理厂。

专业分工法

专业分工是指将汽车修理作业划分为若干个单元,每个单元由专人或一个专业组承担。这种组织形式工人的技术熟练程度容易提高，修理质量好、效率高，适用于大型的汽车修理厂。

情境三：汽车保养与维护工艺规范

一、新车车体保养与维护

对于一辆新车车主往往会先将车内装饰得舒适又漂亮，而忽略了车体本身的养护，对新车而言首次保养特别重要。其实首次车体养护和开蜡，往往是日后用车养车的质量保证，如果开始保养得不好，以后也会出现许多问题。

图1-8 新车的保养与维护

新车漆面虽无老化问题，但使用前应该做彻底的保护处理，从出厂到运输至停车场，车表漆就已经接触了空气，受到了酸气、风沙的侵袭。及时正确的养护，能使车辆永葆青春。如果买的是进口轿车，要首先考虑的是车蜡中含有石蜡、树脂及特氟隆等材料。除蜡时不要用汽油或煤油擦拭，应选用专业的开蜡液，或者到专业的美容养护店，请技师帮助处理。至于国产车，车身大多采用静电喷涂，漆面呈镜面光泽，故无开蜡需要。

第一次清洗爱车不能马虎，如清洗不当，会损伤外层的亮油部分，那车就不是越洗越亮而是越洗越暗了。最好是去无尘手工洗车房，选用中性温和的洗净剂，把车其表面的沙粒、污物清除干净。有些污物是用肉眼看不出来的，像飞漆、树胶、碱、酸等化学成分污染，都应当彻底清除，只是简单地用洗净剂是去不掉的，必须用专业去污剂一点点的擦拭。全车清理完毕，再用震抛机把釉封入车漆。这是一项新技术，封完釉的车一年内不用再打蜡，只用清水清洗后用干净的麂皮布擦干净即可，而且防氧化、防紫外线、保持车漆不会褪色。最后可在轮胎、轮眉等部位涂上相应的保护剂，以防老化。

二、走合期的保养与维护

汽车在新车出厂或大修（包括发动机大修）后，初期的使用阶段称为走合期，在这段时期对汽车所进行的维护，称为走合维护。新车的走合期通常为1 000~2 500km，或按汽车生产的规定。大修后的汽车的走合期一般为1 000~1 500km。

新车的正确走合，对延长汽车使用寿命、提高汽车工作的可靠性和经济性有着极大的关系。走合期的维护，一般分为走合期前、走合期中和走合期后维护3个阶段，见表1-2、表1-3、表1-4。

表1-2 走合期前维护

1	检查行车和驻车制动系统是否正常，有无漏液现象，检查制动液液面高度，不足时应添加
2	检查各部位的连接、紧固情况，对于转向、制动、悬架的固定螺栓要进行紧固
3	检查散热器以及冷却系各部位有无泄漏现象。
4	检查发动机曲轴箱、变速器、转向器等内部油量，根据需要进行添加或更换，并检查各部位有否漏油现象
5	检查转向机构有无松旷或发紧的现象
6	检查变速器各挡是否能正确接合

7	检查电器设备、点火、灯光、电动车窗和仪表的工作是否正常
8	检查蓄电池液面，不足时添加蒸馏水。用玻璃管或塑料吸管检查蓄电池液面高度，应该高出极板10cm，液面过低不行，但液面过高也不好
9	检查轮胎气压，不足时充气
10	检查行车和驻车制动系统是否正常，有无漏液现象，检查制动液液面高度，不足应添加

表1-3 新车走合期中的维护

1	应在平坦良好的路面上行驶
2	正确驾驶，平稳地接合离合器，及时换挡，严禁硬撑、猛冲，避免突然加速和急剧制动
3	速度限制： 一挡：不超过5km/h 二挡：不超过10km/h 三挡：不超过15km/h 四挡：不超过25km/h 五挡：不超过40km/h 为控制汽车在走合期内的速度，走合前在进气管与化油器之间装有限速片，用铅封锁住，走合期内严禁拆除
4	载重限制：走合期内不允许拖带挂车，载质量不得超过3 500kg
5	经常注意变速器、后桥、轮毂及制动鼓的温度，如有严重发热时，应找出原因，予以调整或修理
6	应特别注意机油压力和控制发动机冷却水的正常温度
7	走合200km后，应按规定力矩和顺序拧紧汽缸盖及进排气歧管螺栓、螺母
8	走合500km后，应在热车状态更换发动机机油，以免发动机内遗留未清洗干净的铁屑、脏物等堵塞油道，刮伤轴瓦

表1-4 大修车走合期中的维护

1	走合中期维护是在汽车行驶500km左右时进行的，主要是对汽车各部技术状况开始发生变化的部分进行一次及时维护，以恢复其良好的技术状况，保证下阶段走合顺利进行
2	清洗发动机的润滑系，更换机油和机油滤清器滤芯
3	润滑全车各润滑点。最初行驶30～40km时，应检查变速器、分动器、前后驱动桥、轮毂和传动轴等处是否发热或异响。如发热或有异响应查明原因，予以调整或修理
4	在行驶一段时间后立即用手摸制动毂，是否感觉发烫，如果发烫说明需要调整制动
5	检查制动效能和各连接处，制动管路和密封程度，必要时加以调整和紧固
6	检查调整离合器踏板自由行程
7	按规定力矩和顺序拧紧汽缸盖及进排气支管螺栓、螺母和轮胎螺母
8	走合500km左右时，应在热车状态更换机油，以免因未清洗干净的金属屑、脏物等堵塞油道、刮伤轴瓦。同时更换机油滤清器
9	一般行驶1 500km后，可视为走合期结束

走合结束后，应结合二级维护对汽车进行全面的清洗、检查、调整、紧固、添加和润滑等，见表1-5、表1-6。

表1-5 新车走合期结束后的维护

1	清洗发动机油底壳，按规定力矩检查连杆螺栓和主轴承盖螺栓的紧固情况
2	清洗粗滤器滤芯，并更换发动机润滑油
3	清洗变速器、后桥、转向器，并更换润滑油
4	紧固前、后悬架的U形螺栓螺母（满载时进行），检查后钢板弹簧固定端的螺栓及U形螺栓的紧固螺母有无松动
5	按规定力矩紧固转向机构中带有开口销的螺母
6	按规定力矩检查并紧固制动底板的紧定螺栓螺母
7	按规定力矩检查紧固底盘的传动部分的各部连接
8	检查并紧固车身、车厢各部的连接
9	按使用说明书的规定，仔细调整点火正时，调整发动机车速和检查气门间隙
10	按一级维护作业项目进行润滑和维护

表1-6 大修车走合期结束后的维护

1	更换发动机、变速器、转向器、驱动桥等的机油，尽可能冲洗干净
2	检查测量汽缸压力，并用化学方法清除燃烧室积炭
3	按“先中间后四周”，分2~3次紧固汽缸盖螺栓；铝质缸盖在发动机冷态时一次旋紧即可，铸铁缸盖在发动机热机后，还要再次检查汽缸盖螺栓螺母的松紧度，以防螺栓热膨胀后，造成汽缸盖密封不良，损坏汽缸盖衬垫
4	检查和调整制动器
5	检查离合器踏板自由行程，润滑踏板轴
6	检查转向盘的自由行程，必要时进行调整
7	检查并调整前束
8	检查前后悬架螺栓的紧固情况
9	检查驾驶室、车厢各连接螺栓、螺母的紧固情况

三、长期停放车辆的保养与维护

经常停着的汽车比经常使用的汽车故障率高，而且使用寿命也会大大缩短。那么，经常在家里“歇”着的爱车需要注意什么呢?

（1）防摩擦零件

车辆停放时间太长后，防摩擦零件表面会氧化。附着在零件表面的润滑油氧化变质后，若再次启动时就会形成干摩擦或半干摩擦，缩短零件使用寿命，而且启动阻力大大增加，启动时会很困难。长时间停驶车辆的发动机的汽缸和活塞表面的润滑油膜，由于要接触空气中的氧气和其他有腐蚀性的酸碱成分，会造成润滑油膜变质，形成一层胶状物而失去润滑作用。车辆停驶时间越长，变质越严重。车辆停驶，油封容易老化变形，油封四周的接触受力会不均匀，受力大的方向，油封变形量就大；车辆停驶时间越长，其变形量就越不易恢复，直到油封发生永久变形，从而造成漏油。

（2）燃油系统

若汽车停放，油箱内没有或只有少量的燃油，水分就有可能侵入系统中而造成生锈和腐蚀。所以汽车长期停放时要将油箱加满。另外如果油箱和管道中燃油长时间不用，燃油则有可能与氧气发生化学反应而产生胶质沉淀物类的物质，容易堵塞燃油管路。正确的做法是向燃油中添加稳定剂，延长汽油的使用寿命并保证其不变质。

（3）防轮胎变形

汽车停驶以后，汽车重量由四个轮胎接触地面的部位承受，从而造成接触部位受压收缩变形。汽车停驶时间越长，变形部位越不易恢复，使轮胎四周的质量分布发生变化，滚动半径不均匀，造成轮胎不平衡。一旦汽车进入高速行驶后，就会发生车身振动，不仅影响乘车的舒适性，加速轮胎的磨损，而且还带来不安全的因素。

（4）电子元件防潮

汽车上的电子元件及连接件有一个共同的特点，就是要防水、防潮和防腐蚀，否则就会引发故障。对于停驶车辆的电子元件或插线接头，受潮的可能性就会大大增加，并且停驶时间越长，发生故障的概率就越高。

（5）防日晒

汽车长时间不用时应存放在车库或室内停车场内，这样可以不受外界气候的影响。如果没有这个条件，至少也要给汽车罩上汽车罩。要选择厚及多层的汽车罩，这样就可以有效地减少阳光对漆面的影响。强烈的阳光照射能使漆面缓慢地褪色并且促使汽车零件中的乙烯基、皮革和橡胶的迅速老化。

另外，一定要选择质量好的汽车罩，并且大小要合适，否则车罩在风的吹动下与车身来回摩擦，其结果如同给汽车罩上了一层砂纸，而且在不停地打磨。

(6) 经常检查蓄电池

蓄电池的电解液液面必须高于极板10～15mm，不足时应及时添加蒸馏水，保持电量充足，必要时对蓄电池充电。

四、日常保养与维护

总的来说，车辆日常养护主要包括：清洁、安全检测、补充，对日常养护稍有大意不仅会给车辆造成无谓的损伤，而且危及行车安全。如润滑油缺乏引起的拉缸烧瓦，车辆某一部分功能失常引起交通事故等。反之，如果日常工作做得仔细认真，不仅能使车辆保持常新，同时还能掌握车辆各部分的技术状况，避免机械事故和交通事故。其实，日常养护工作很简单，归纳起来就是：清洁、紧固、检查、补充。

1. 清洁

空气中含有大量灰尘、泥沙和酸性物质，不仅容易被泄漏的燃油黏附，在高温烘烤下容易形成坚硬的保温层，使机件的散热性能变差，而且容易被车身静电吸附而侵蚀油漆面，使之过早褪色。

(1) 清“三滤”

空气、燃油、机油滤清器这“三滤”保养及时与否，直接影响着发动机的性能和使用寿命。

空气滤清器

空气滤清器过脏会阻碍新鲜空气进入汽缸，导致混合气过浓、燃烧不完全、功率下降、排气超标。

燃油滤清器

燃油滤清器堵塞，滤芯的通过阻力增大，造成燃油滤清器内燃油压力升高，供油不足，动力下降。

机油滤清器

机油滤清器堵塞，会阻碍润滑油的流动，使发动机润滑不良、磨损加大甚至烧瓦等。为此，应定期清洗或更换。通常每行驶8 000km更换一次，若气候恶劣，应缩短为5 000km更换一次。

(2) 清洁蓄电池

现代轿车一般都采用免维护蓄电池，经常清洁蓄电池的顶部。

2. 紧固

车辆清洗干净后，就要对各连接处进行紧固。由于运行中的振动、颠簸、摇摆等原因，必然造成连接件松动、磨损。因此，在日常养护中要及时紧固。连接件的日常紧固工作直接关系到行车安全，特别是重要部件，如转向、制动、传动等，切不可掉以轻心。

紧固步骤1

首先，对发动机周围各胶管的接头进行紧固，防止油液泄漏。

紧固步骤2

其次，紧固各线路及用电设备的连接器，防止断路、短路、搭铁等情况而影响用电设备正常工作。

紧固步骤3

再次，对主要的联接件进行检查紧固。如发电机传动带、转向联动机构、制动装置连结点、传动系以及轮胎等。

注意

①观察周围线路及胶管的夹子是否牢固，防止其他机件相刮而造成漏电、漏液、漏油、漏水，同时还要看一看软管、防尘罩的工作状况，防止其腐蚀、老化。

②如发现连接螺栓、螺母不配或松动，应及时更换。

③各种防松件不能混用，如弹簧垫不能用平垫、锥形垫不能用弹簧垫、自锁螺母不能用普通螺母、开口销不能用铁丝等。

④螺母紧固后，螺栓应伸出螺母1～3个牙，各种锁止装置应牢固可靠，如锁片应反扣在螺母的侧面上，开口销规格合适、弯曲正确。

3. 检查油液的高度和品质

由于油液在高温下会逐渐损耗与氧化而导致液面降低和性能变差。

（1）检查油液的高度

无论是何种液面高度的检查，首先应将车停在平地上。

①检查蓄电池电解液液面高度。

②检查机油液面的高度。

③检查冷却液液面的高度

④检查底盘润滑油高度。

⑤检查制动液、转向液高度。

各油尺及油液加注口位置，如图1-9所示。

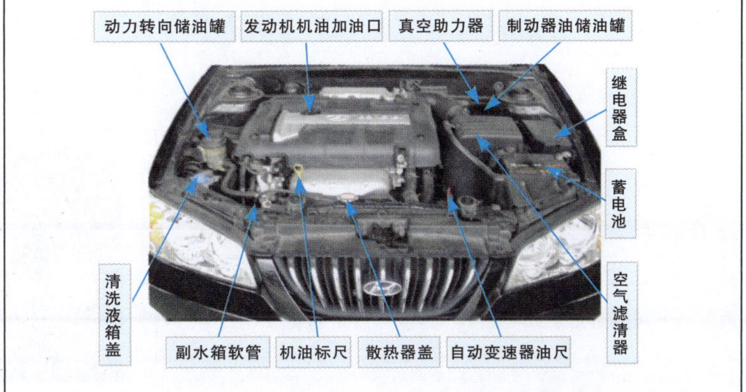

图1-9 现代伊兰特油尺及油液加注口位置图

（2）检查油液的品质

无论是何种油液，均可采用下列方法检查：

①外观法。察看取出的油液样品，若比较透明，表明污染不严重。

②气味法。

③黏度比较法。

4. 补充

（1）机油的补充

发动机机油面与补充机油如图1-10所示。检查时若没有发现油液有明显的变质，应查找到是否泄漏，若有要予以排除，并及时补足同等级别的油液。

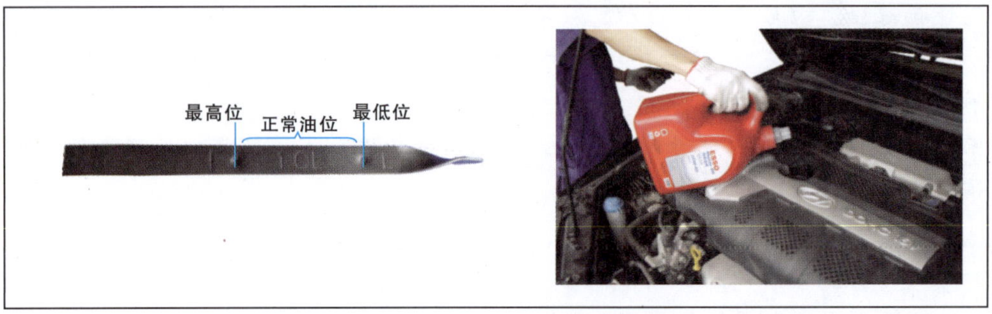

图1-10 发动机油面与补充机油图

（2）油液的更换

油液变质或超过更换周期，应及时更换。

更换周期

通常机油每行驶8 000km或半年就更换一次；制动液每行驶20 000～40 000km或使用1～2年更换一次；冷却液使用1～2年更换一次；液压油每使用一年或行驶10 000km更换一次。

清洗方法

在放出油液前加入专用清洁剂，然后启动发动机（若是变速器或后桥应架起后桥）运转一定时间后放出旧油液即可。

加注油液

对液压油的加注，应在发动机怠速运转的情况下加注至最高标线后熄火，左右反复旋转数次，以排除系统中的空气。然后再次启动发动机，观察油面高度，补足至规定位置且油罐中无气泡产生，如图1-11所示。

图1-11 添加冷却液

五、一级保养与维护

1. 一级维护周期与作业内容

一级维护要由专业维修企业负责执行，是在车辆行驶达到一定里程后强制进行的。一级维护的时机一般按汽车生产厂家推荐或规定的行驶里程或使用时间进行。一级维护的间隔里程为7 500～15 000km或6个月，以行驶里程或使用时间先达到为准，主要内容除日常维护以外，以清洁、润滑、紧固、补给为主，并检查有关制动、操纵等安全部件，保持车辆正常的运行状况。作业主要内容是：检查、紧固汽车外露部位松动的螺钉和螺母，按规定对润滑部位加注润滑脂，检查总成内润滑油面，添加润滑油，清洗空气、燃油、空调花粉过滤器的三种滤清器。

2. 一级维护工艺流程

一级维护工艺流程图，见图1-12。

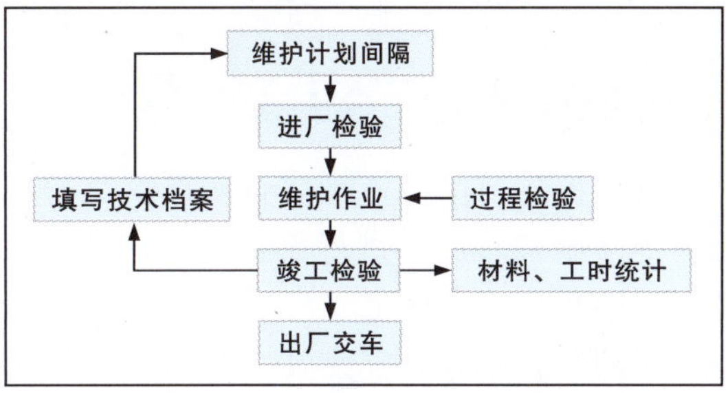

图1-12 一级维护工艺流程图

3. 一级维护竣工标准

标准1

发动机前后悬架、进排气歧管、散热器、轮胎、传动轴、车身、附件支架等外露螺栓、螺母须齐全、紧固、无裂纹。

标准2

转向臂、转向拉杆、制动操纵机构等工作可靠，锁销齐全有效，转向杆球头、转向传动十字轴承、传动轴十字轴承无松旷。

标准3

转向器、变速器、驱动桥的润滑油面，应在检视口下沿0～15mm（车辆处于停驶状态），通风孔应畅通；变速器、减速器突缘螺母紧固可靠。

标准4

各润滑脂油嘴齐全有效、安装位置正确；所有润滑点均已润滑、无遗漏。

标准5

空气滤清器滤芯清洁有效。

标准6

轮胎气压应符合充气规定，胎面无嵌石及其他硬物。车轮轮毂轴承无松旷。

标准7

离合器踏板和制动踏板自由行程符合技术规定。

标准8

灯光、仪表、喇叭、信号齐全有效。

标准9

蓄电池电解液液面应高出极板10～15mm，通风孔畅通，接头牢靠。

标准10

短途试车，检查维护效果。试车中，发动机、底盘运行正常，无异响；各操纵部位符合技术要求；转向、制动系统灵敏可靠；各部位紧固无松动；试车后，检视各部位无漏水、漏油、漏气和漏电现象。

六、二级保养与维护

1. 二级维护周期与作业项目

二级维护是要由专业维修企业负责执行，主要内容除一级维护所包括的工作外，主要以检查、调整为主，并拆检轮胎，进行轮胎换位，是在汽车行驶更长一定里程后强制进行的，二级维护前应进行汽车检测诊断和技术评定。汽车在经过一段较长时间的使用后（约30 000km/12个月），必须进行全面的检查和调整，以保证安全性、动力性和经济性能达到使用要求。为防止汽车的早期损坏，保障汽车的正常技术状况和使用，在二级维护前，必须对汽车进行检测诊断和技术评定。

2. 二级维护前的技术评定

二级维护前的技术评定，见图1-13。

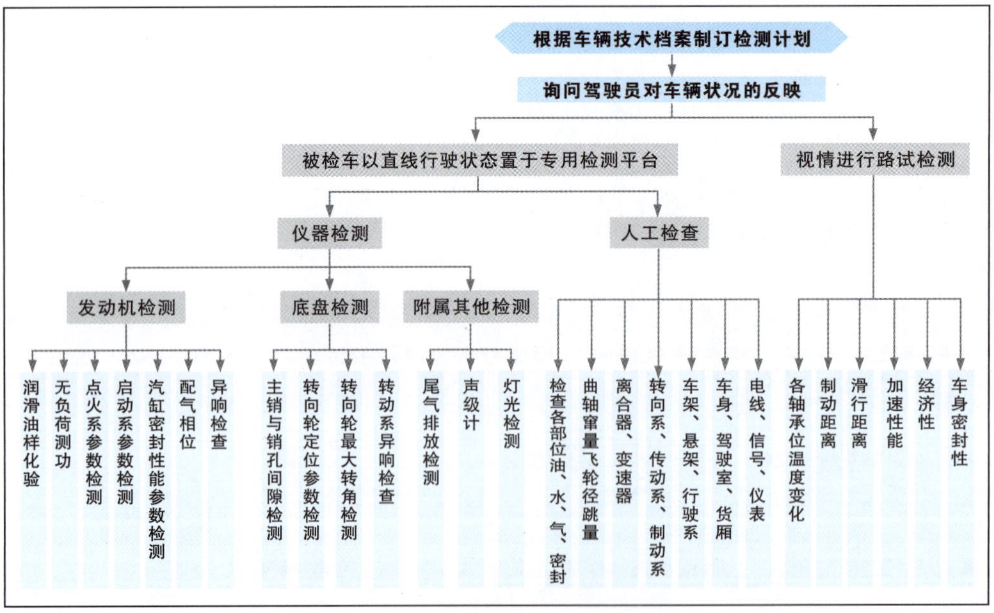

图1-13　二级维护前检测流程图

3. 二级维护前的诊断内容

二级维护前的诊断内容，见表1-7。

表1-7 汽车二级维护前应进行的检测诊断内容

分类	序号	测试种类	检测内容
检测部分	1	点火系统参数	触点闭合角、分电器重叠角、点火电压、点火提前角
	2	发动机动力性	无负荷功率、各缸功率平衡
	3	启动系统参数	启动电流、启动电压
	4	汽缸密封情况	汽缸压力、曲轴箱窜气、汽缸漏气、真空度
	5	配气相位	进排气门开启、关闭角度
	6	发动机异响	曲轴轴承、连杆轴承、活塞、活塞销、配气机构
	7	汽缸表面状况	汽缸拉痕、活塞顶烧蚀、积炭、活塞偏磨
	8	汽油化验分析	斑痕污染指数、水分、闪点、酸值、运动黏度、含铁量
检查部分	1	发动机	发动机机油、水密封，曲轴前后油封漏油，散热器、水泵水封、水套漏水，曲轴轴向间隙（窜动量），异响
	2	转向系统	转向盘自由行程，转向机工作状况及油封密封状态，路试转向稳定性（视情进行）
	3	传动系统	离合器工作情况，变速器、减速器壳油封密封状态及壳体表面状况，路试变速器、传动轴各轴承，主减速器、差速器异响，变速器、差速器壳体温度
	4	行驶系统	轮胎偏磨，钢板弹簧座、销、套磨损状况；车架裂伤、各部铆接状况
	5	仪表信号	仪表信号，机油压力，冷却液温度，发电机充放电指示
	6	其他	车身、驾驶室各钣金件开裂、锈蚀、变形、脱漆锁止机构状况；牵引机构状况

4. 二级维护常规作业内容

二级维护常规作业内容如下：

内容1 进行日常保养和一级保养的全部作业。

内容2 更换汽油滤清器、机油滤清器和空气滤清器等。

内容3 检查发电机和启动机，必要时更换电刷并润滑各轴承。

内容4 检查、紧固进排气歧管及消声器总成螺栓螺母。

内容5 检查、紧固发动机支架螺栓螺母、水箱支架螺栓螺母。

内容6 检查曲轴主轴承及连杆轴承紧固其螺栓螺母；检查离合器、润滑分离轴承。

内容7 检查变速器、传动轴、万向节和中间支承轴承及各部紧固情况，润滑变速器第一轴承、万向节和中间支承轴承。

内容8 检查、调整、紧固手制动器，前、后轮制动器，制动分泵，制动软管。

内容9 检查、调整转向盘的自由转动量。

内容10 检查前后减振器及转向节，检查、调整前轮前束。

内容11 检查轮胎，并进行轮胎换位。

内容12 检查、调整电喇叭、指示灯、照明灯、变光器及电器仪表线路接头。

内容13 更换发动机润滑油。

情境四：汽车保养注意事项及常见误区

一、保养与维护注意事项

1. 保养周期要求

要采用制造商的维修日程。

汽车保养周期是指汽车保养的间隔里程或时间。

保养频率高不是什么坏事，能更有效地保障车辆的各项性能。用车初期主要是正常保养，费用相对较低；当车辆使用一定年限或行驶一定里程后就会进入维修期，费用就相对高一些。

科学地确定各类保养作业的间隔里程，不仅能使汽车经常保持良好的技术状况，还能节省保养费用和修理费用。

不过在决定汽车保养周期时，应参照汽车制造厂推荐的保养周期，结合汽车自身的技术状况和实际使用条件，对保养周期要做适当的调整。

不同的车辆因使用条件的不同所要保养的周期也不同。一般技术状况良好的新车，可适当延长保养周期；而技术状况较差，或使用条件恶劣的汽车，则应适当缩短保养周期。

2. 部件的更换周期要求

制动蹄片，汽车每行驶10 000km需检查一次；

轮胎，每次保养时应换位一次；

机油，在每次做基本保养时应更换；

自动变速器油，每行驶20 000km左右应更换一次，新车最好在初始1 000km时就更换；

装有助力转向装置的汽车，则每行驶20 000km或18个月应更换一次助力转向机油；

车龄2年以上或经常在山区行驶的车辆，最好18个月更换一次制动油。由于制动油并不是真正的油，本身具有相当强的吸水性，在长久使用后其性质会发生改变或产生结合作用，因此必须在使用一定时限或行驶里程时更换，并且在换新种类油时，必须把原有的油料完全倒掉，否则将影响新更换油料的品质与使用寿命；

发动机上用以驱动其他附件（如助力转向盘、空调装置、发电机）的皮带的使用寿命通常为2年，若在检查时发现皮带有老化、硬化、裂痕、脱丝、发出响声等现象，则应该尽快将其更换；

发动机冷却系统的橡胶水管使用寿命通常约为4年，假如汽油渗入到冷却水中，与水、空气混合接触会加速橡皮水管的老化。

注意

需要特别注意的是，若发现水箱上水管破裂漏水或管束的束紧部位有明显老化现象时，就应将相应的下水管也同时换新，如果继续使用下去，则很快就会漏水。

二、保养与维护常见误区

大多数有车的非汽车专业的人在汽车使用和保养上存在错误的认识，导致在使用车辆和保养上存在错误，长此以往对车辆造成无法愈合的“内伤”。常见的错误观念及做法：

（1）发动机机油越多越好

发动机机油不能多于生产厂商所规定的范围，否则会影响发动机的正常工作。机油太多，发动机在工作时曲轴柄和连杆会产生剧烈搅动，不仅增加发动机内部功率损失，而且还会因激溅到缸壁上的机油增多，而产生烧排机油故障。因此，机油量应控制在机油尺的上、下刻线之间为好。

（2）传动皮带越紧越好

汽车发动机的水泵、发电机都用三角皮带传动。如果把传动带调整得过紧，易拉伸变形。同时，皮带轮及轴承容易造成弯曲和损坏。传动带紧度一般应在调整到按压皮带中部时，其下沉量为两端带轮的中心距的3%～5%为佳。

（3）螺栓越紧越好

汽车上用螺栓、螺母连接的紧固件很多，应保证其有足够的预紧力，但也不能拧得过紧。若拧得过紧，一方面将使连接件在外力的作用下产生永久变形；另一方面将使螺栓产生拉伸永久变形，预紧力反而下降，甚至造成滑扣或折断现象。

（4）燃油油液随便加

轿车非常精细和“娇贵”，对燃油、润滑油、制动液、冷却液等都有相应的技术指标要求。用户应该参照使用手册中规定的油液品种和标号选用优质油液，保质保量添加或更换。避免不加区别随意使用油品，否则，将给车辆造成很大损害。

（5）车身频繁打蜡

打蜡可让汽车的漆面看起来更加光亮，但并不是说频繁打蜡就能够保持汽车漆面的光泽度。各种车蜡的性能不同，其作用与效果也不一样，在选用时要慎重，有的车蜡中含有碱性物质，长时间使用会使得车身变乌。一般来说，常在车库停放的车辆，每4个月打一次蜡即可；经常停在露天停车场的车辆，每2个月打一次蜡就可以了，在打蜡时最好选择去污能力适中且不含研磨剂成分的车蜡。注意：新车不要随便打蜡，因为新车本身的漆层上已有一层保护蜡，过早打蜡反而会把新车表面的原装蜡除掉，造成不必要的浪费，通常新车购回5个月内都不必急于打蜡。

（6）汽车不能天天开

不少人因停车困难，平时上班时常以公共交通工具代步，只有放假时才自驾车外出。其实这样的用车模式却是很伤车的。首先汽车引擎与变速箱等传动机件表面会因经常处于与空气直接接触的状态而生锈，蓄电池也会因为长期的自然放电影响到使用寿命。最好的方法是每隔几天就跑一下车，跑个三四十分钟。总是短途用车也会伤车，车随时在动但都开不远，也一样是伤车的重要原因。车上所有机件在启动阶段磨损最为严重，发动一次车蓄电池所消耗的电量要大约行驶20分钟才能补足，这样的用车习惯很容易提早使车出毛病。

课题小结

1. 汽车零件磨损分为三个阶段，分别是走合期、正常工作期和加速磨损期。
2. 我国现行的汽车维护制度以贯彻“预防为主，强制维护”的原则。
3. 汽车维护分为定期维护和非定期维护。

思考与练习

填空题

1. 汽车零件磨损分为__________、__________和__________三个阶段。
2. 我国现行的汽车维护制度以贯彻“__________，__________”的原则。
3. 汽车定期维护分为________、________和________三种。
4. 汽车非定期维护分为__________和__________两种。

第二部分

汽车保养与维护基础知识

情境一：汽车保养与维护的耗材

一、燃油

1. 汽油

（1）汽油的规格和牌号

汽油分为含铅汽油和无铅汽油两类，均采用研究法辛烷值划分。截至2000年1月1日，我国所有汽油生产企业一律停止生产车用含铅汽油，从2000年7月1日起，全国实现汽油无铅化。

我国现在使用的车用汽油都是无铅汽油，见图2-1。根据辛烷值不同可分为89#、92#、95#、98#四个牌号，均具有较高的辛烷值和优良的抗爆性，用于高压缩比的汽化器式汽油发动机上，可提高发动机的功率，减少燃料消耗量；具有良好的蒸发性和燃烧性，能保证发动机运转平稳、燃烧完全、积炭少；具有较好的安定性，在贮运和使用过程中不易出现早期氧化变质，对发动机部件及储油容器无腐蚀性。

图2-1 无铅汽油

（2）汽油选用原则及其注意事项

汽油的选用原则如下：

原则1

根据车辆使用说明书的要求选择。

原则2

根据发动机的压缩比选用。压缩比小，选用低牌号的汽油；反之，压缩比大，选用高牌号的汽油。

原则3

根据使用条件选择。例如，高原地区大气压力小，空气稀薄，汽油机工作时爆震的倾向减小，可以适当降低汽油的辛烷值。一般海拔每上升100m，汽油辛烷值可以降低约0.1个单位。但若是经常在大负荷低转速下工作的汽油机，应选择较高辛烷值的汽油。

原则4

根据发动机的使用时间来选择。使用时间长的汽油机，由于燃烧室积碳、水套积垢等原因，使爆燃的倾向增加，应选用高一级牌号的汽油。

车用汽油使用注意事项：

注意事项1

严格按照车辆使用说明书上推荐的汽油标号选择汽油的牌号。同时一定要注意说明书上要求的辛烷值是研究法辛烷值（RON）还是马达法辛烷值（MON）。

注意事项2

尽量使用高标准的清洁汽油。这样可以提高车辆的经济性和排放性。

注意事项3

当换用其他汽油牌号时，发动机的点火提前角（若能人工调整的话）要做相应的调整。如当由高牌号汽油换用低牌号汽油时，应适当推迟点火提前角；当由低牌号汽油换用高牌号汽油时，应适当提前点火提前角。

注意事项4

汽车由平原驶入高原时，应换用低牌号汽油或适当推迟点火提前角，以免发动机发生过热，影响发动机的动力性；而汽车由高原驶入平原时，应换用高牌号汽油或适当提前点火提前角，以免发动机发生爆震燃烧。

注意事项5

尽量不用不同牌号或不同用途的汽油进行掺兑使用，严禁与其他燃料掺和使用。以免影响发动机的正常使用。

注意事项6

不要使用长期存放的变质汽油。因为其结胶严重，辛烷值下降，会影响发动机的正常使用。

注意事项7

当燃油报警灯亮时，就要及时加油。因为油箱底部含有较多的水分和杂质会影响发动机的正常工作，尤其对电喷汽油机影响较大，会降低油泵、喷油器的使用寿命，也容易造成油路堵塞。

注意

汽油是易燃、易爆品，易产生静电，有一定的毒性，使用时要注意安全。在存放汽油的附近禁用明火，不能用塑料桶存放汽油等。

2. 柴油

（1）柴油的牌号和规格

国产柴油根据国家标准GB252-2015规定，汽车柴油型号：5#、0#、-10#、-20#、-35#、-50#六个牌号。

（2）柴油选用原则及其注意事项

柴油的选用原则如下：

柴油应根据使用地区和季节的不同进行选用。气温较高的地区，选用凝点较高的柴油；反之，气温较低的地区，选用凝点较低的柴油。一般选用柴油的凝点应比当地当月环境最低气温低5℃以上，以保证在最低气温时不致凝固。各种柴油的适用范围见表2-1。

表2-1 各种柴油的适用范围

柴油标号	适用范围	柴油标号	适用范围
5#	最低气温在8℃以上的地区	-20#	最低气温在-14℃的地区
0#	最低气温在4℃以上的地区	-35#	最低气温在-29℃以上的地区
-10#	最低气温在-5℃以上的地区	-50#	最低气温在-44℃以上的地区

使用柴油的注意事项如下：

注意事项1

不同牌号的柴油可以掺兑使用，并可根据气温情况酌情适当调配。混合后的柴油凝点并不按比例计算，一般比其比例值高2℃左右。例如，用-10#柴油与-20#柴油各以50%混合，混合后柴油的凝点约为-13℃左右。

注意事项2

在寒冷地区，如果缺乏低凝点柴油时，可以向高凝点轻柴油中掺入10%～40%的灯用煤油，混合均匀，可以降低凝点。也可以采用适当的预热措施，提高发动机温度。

注意事项3

在严寒的冬季如果不能启动时，要另用启动燃料（如乙醚与航空煤油按体积1：1配制）帮助启动。但严禁向柴油中加入汽油，若是那样的话，发动机更不好启动。

注意事项4

柴油加入油箱前，要充分沉淀（不少于48小时）。然后用滤网过滤，以除去杂质。

注意事项5

当燃油报警灯亮时，就要及时加油。因为油箱底部含有较多的水分和杂质会影响发动机的正常工作，容易造成输油泵、喷油泵、喷油器等的磨损而降低它们的使用寿命，也容易造成油路堵塞。

3. 其他汽车燃料

汽车的其他燃料还有气体燃料和乙醇汽油。

气体燃料又分为3种，分别为压缩天然气（CNG）、液化天然气（LNG）和液化石油气（LPG）。压缩天然气是指压缩到20.7~24.8MPa的天然气，是一种无色透明、无味、高热量、比空气轻的气体，主要成分是甲烷，由于组分简单，易于完全燃烧，加上燃料含碳少，抗爆性好，不稀释润滑油，能够延长发动机使用寿命；液化天然气是指常压下、温度为-162℃的液体天然气，储存于车载绝热气瓶中，液化天然气（LNG）燃点高、安全性能强，适于长途运输和储存；液化石油气（LPG）是一种在常温常压下为气态的烃类混合物，比空气重，有较高的辛烷值，具有混合均匀、燃烧充分、不积炭、不稀释润滑油等优点，能够延长发动机使用寿命，而且一次载气量大、行驶里程长。

车用乙醇汽油中在汽油中加入10%的变性乙醇，可使汽油辛烷值（汽油标号如90#、93#等）提高3%，氧含量增加3.5%，大大改善了汽油的使用性能，燃烧更彻底，是一种节能环保型燃料。正积极准备试行乙醇汽油政策。乙醇汽油的特性和优点：首先它增加汽油的氧含量使燃烧更充分，彻底有效地降低了尾气中有害物质的排放；第二，有效提高汽油的标号，使发动机运行平稳；第三，有效消除火花塞、气门、活塞顶部及排放管、消声器部位积炭的形成，可以延长主要部件的使用寿命。

二、润滑剂

1. 机油

（1）机油的分类

按使用性能（使用等级）分类

我国新的国家标准GB／T28772-2012《内燃机油分类》，参照国际通用的API(美国石油学会)使用分类法，将发动机润滑油分为汽油机油系列（S系列）和柴油机油系列（C系列）两大类。每一系列又按油品特性和使用场合不同，分为若干等级。汽油机油系列共有SC、SD、SE、SF、SG、SH六个等级；柴油机油系列共有CC、CD、CD-Ⅱ、CE和CF-4等五个等级。各类油品的级号越靠后，其使用性能越好。

除上述汽油机油和柴油机油系列分类外，国家标准GB11121-2006还规定了SD／CC、SE／CC、SF／CD 3个等级的汽油机／柴油机通用油的使用等级。

按黏度分类

我国新的国家标准 GB／T14906-2018《内燃机油黏度分类》，采用国际通用的 SAE（美国汽车工程师协会）黏度分类法，将润滑油分为冬季用油（W级）和非冬季用油。冬季用油按低温黏度、低温泵送性划分，共有0W、5 W、10W、15W、20W和25W等6个等级，其级号越小，适应的温度越低；非冬季用油按 100℃ 时的运动黏度分级，共有20、30、40、50和60等5个等级，其级号越大，适应的温度越高。

另外，为增大润滑油对季节和气温的适应范围，国家标准还规定了多级油的黏度级号，如5W／30、5W／40、10W／30、20W／40等多级油，其分子表示低温黏度等级，分母表示 100℃ 时的运动黏度等级。多级油在油中添加了黏度指数改进剂，能同时满足W级油和非W级油的黏度要求，有较宽的温度使用范围。例如，5W／40既符合5W级油黏度要求，又符合40级油黏度要求，在全国冬夏季均可通用。

（2）选用机油注意事项

由于机油对发动机的使用性能和寿命都有很大的影响，因此应严格按照汽车使用说明书规定选用相同系列、使用等级、黏度等级的润滑油。车辆说明书推荐的机油是根据发动机的工作性能和销售地域的气温等情况而定的，对机油的选用有一定的指导作用，并留有较大的安全系数，同时也是发动机保用期内索赔的前提条件之一。若无说明书可按下列方法，选用合适的机油规格。

方法1

根据发动机的使用燃料选择相对应系列的发动机机油。

例如：汽油机选用S系列；柴油机选用C系列；石油气发动机选用石油气专用机油。

方法2

机油使用等级的选择。

①汽油机油使用等级的选用

由于汽油机工作条件的苛刻程度与发动机进、排气系统中有无附加装置及其类型有关，因此，可按附加装置的类型来选用汽油机油的使用等级。

· 没有附加装置的汽油发动机可选用SD级油；
· 有曲轴箱强制通风（PCV）装置的汽油机可选用SE级油；
· 有废气再循环（ECR）系统的汽油机应选用SF级油；
· 装有废气催化转化器或中低档电喷燃油系统的汽油机，应选用SG级以上的机油；
· 对于采用新型材料和新技术的中高档电喷汽油机则应选项用SJ级以上的机油。

另外，对于从欧、美、日等汽车生产国进口的汽车也可以根据生产年份来大致区分汽油机油的使用等级。例如：1989—1993年用SG级油；1994—1996年用SH级油；1996—2001年用SJ级油；2001年至今用SJ或SL级油。这是因为汽车的生产年份越靠后，其性能改进的越多，润滑油的工作条件通常要比早年生产的汽车苛刻。

②柴油机油使用等级的选用

柴油机油的使用等级应根据柴油机的强化系数来确定，强化系数表示发动机的机械负荷和热负荷的总和，强化系数用K表示，可按下式计算：

K=PeCmZ

式中：Pe活塞平均有效压力，kPa；Cm活塞平均运动速度，m/s；Z冲程系数（四冲程柴油机Z=0.5，二冲程柴油机Z=1）。

③黏度等级的选用

机油黏度的选用应同时满足低温启动性和高温润滑性。

· 根据地区、季节和气温选用黏度等级，并尽量使用多级油。

在严寒地区冬季使用的发动机润滑油应选用0W、5W油或0W/20或5W/20多级油；而在炎热地区的夏季，则应使用40号油或20W/40等机油。常用发动机润滑油黏度等级与适用温度范围，见表2-2。

表2-2 常用发动机润滑油黏度等级与适用温度范围

黏度等级	适用温度范围/℃	黏度等级	适用温度范围/℃
5W/20	-30~20	20W/40	-15~40
5W/30	-30~30	10W	-5~15
10W/30	-25~30	20	5~25
10W/40	-25~40	30	15~35
15W/40	-20~40	40	20~40

· 根据发动机技术特性选用黏度等级。

对于新发动机应选用黏度较小的机油，以保证在使用期内正常磨合；而使用较久、磨损较大的发动机则应选用黏度较大的机油，以维持所需的机油压力，保证正常润滑。

发动机使用润滑油注意事项如下：

注意事项1

遇到下列情况之一的，机油使用等级应酌情提高一级。

· 汽车长时间处于停停开开使用状态，如邮递车、出租车等；
· 长时间在高温高速下工作，尤其是满载或超载长距离行驶，如直达快车；
· 长时间在低温、低速（气温低于0℃、车速小于16km/h）行驶；
· 牵引车或中型以上载货车，满载并拖挂车长时间行驶；
· 在灰尘大的场所使用的发动机；
· 使用质量差、含硫量高（大于0.5%）的燃料。

注意事项2

根据不同的地域和不同季节的变化，选用合适黏度的润滑油，特别是跨温区、跨季节使用的车辆，应尽量使用多级油。如果是使用单级油在换季保养时应及时更换相应黏度的润滑油，对于还能使用的润滑油，可以用机油桶密封贮存，在合适的时候更换使用。不同规格、不同厂家生产的发动机润滑油不能混用，更不能混合贮存。

注意事项3

定期定里程或按质更换润滑油及机油滤清器或滤芯。任何质量的润滑油，在使用中都会发生变化，到一定里程后，油的性能恶化，会给发动机带来危害，产生种种故障，为了避免故障的发生，应结合使用条件定期换油或根据油的理化指标变化情况按质换油。发动机的磨屑、空气中的砂粒、尘埃等杂质经过油循环后，集中收集到机油滤清器内。所以，一般建议是结合换油时每换两次机油更换一次机油滤清器或滤芯。

注意事项4

高等级的机油可以代替较低等级的机油，但会增加维护费用；反之，较低级的机油决不可代替较高等级的机油。

注意事项5

定期清洁或更换空气滤清器、燃油滤清器和曲轴箱强制通风阀。以防止外界杂质带到润滑油中或因异常燃烧产生积炭等对润滑油和发动机产生危害。

注意事项6

换油应在发动机温度较高时进行，同时应尽量将废油放干净。废油应集中处理，不可随意倾倒，污染环境。

注意事项7

有些车辆配有专用润滑油，建议使用专用润滑油。这些专用润滑油是汽车制造厂针对相应车型的发动机工作性能而与石油公司合作开发的，对于该车型润滑油使用性能更加良好。

注意事项8

防止水分渗入润滑油。水分会使润滑油乳化变质，将降低甚至丧失润滑油的使用性能，这将对发动机的危害极大。因此，日常维护时机油加注孔盖要盖好，并检查油质中是否含有水分。

注意事项9

掌握正确的油位检查方法，保持正常的油平面高度。机油油平面过低，油量不足会加速机油变质，而且发动机会因缺油而引发部件的异常磨损；相反油平面过高，油会从汽缸和活塞的间隙等处窜入燃烧室，产生积炭而影响发动机的正常工作。

注意事项10

如果在发动机运行中发现机油报警灯亮，应立即将车开到安全地带将发动机熄火，检查原因或寻求援助。在保证安全的前提下方可行车。尽可能在车上备有一些机油，以便发动机机油缺少时尽快补充。

2. 润滑脂

（1）润滑脂的分类

润滑脂的分类如下：

按基础油分：

按基础油分为矿物油脂和合成油脂。

按用途分：

按用途分为减磨润滑脂、防护润滑脂、密封润滑脂。

按特性分：

按特性分为高温润滑脂、耐寒润滑脂、极压润滑脂。

按稠化剂分：

按稠化剂的类别分为皂基和非皂基润滑脂两大类。

· 皂基润滑脂又分为单皂基润滑脂（如钠基、锂基、钙基润滑脂等）、混合皂基润滑脂（如钙钠基润滑脂等）和复合皂基润滑脂（如复合钙、复合锂、复合铝基润滑脂等）等。

· 非皂基润滑脂也分为烃基润滑脂、无机润滑脂、有机润滑脂等。

其中，按稠化剂的类别作为润滑脂分类使用得最多。

（2）润滑脂的选用与注意事项

润滑脂的品种及品牌各式各样，且性能有所差异，选用时应该考虑对润滑脂影响较大的主要因素。影响润滑脂质量指标的因素：

工作温度

如果考虑的是温度对润滑脂的影响，就应该选用合适的滴点。工作温度越高，选用的滴点越高。

运动速度

如果对润滑脂影响最大的是运动速度，就应该选用合适的黏度指标。速度越大，选用的黏度越大；反之，应该选用低黏度的润滑脂。

承载负荷

如果负荷是影响润滑脂的主要因素，就应该考虑针入度指标。承载负荷大的，应选针入度小的标，以免润滑脂被挤压出来；反之，应该选用针入度较大的润滑脂。

除了以上影响因素外，还要考虑润滑部件的周围环境和所接触的介质，如空气的湿度、尘埃以及是否有灰尘、雨水等。若机件会受到雨水的侵袭，就不能选用钠基润滑脂。而应选用钙基润滑脂或汽车通用锂基润滑脂。

使用注意事项如下：

注意事项1

不同种类的润滑脂不得混用。注意防止不同种类牌号的新旧润滑脂的混合，避免装容器、工具在润滑部位随着混用。换用新鲜润滑脂时，应先将旧的润滑脂洗净擦干。

注意事项2

根据汽车用脂润滑部位的要求使用合适的润滑脂。按车辆使用说明书的规定，定期或定里程向各润滑点注入相应的润滑脂，要防止用错。

注意事项3

盛放润滑脂的容器应清洁、密封。不要用木制或纸制包装容器盛放润滑脂。

注意事项4

润滑脂加注量不能过多，否则会使机件的运转阻力增加，工作温度升高。

注意事项5

润滑脂应防止沙尘、水分等杂质的侵入，要贮存在阴凉干燥的地方，并防止日晒和雨淋。

3. 齿轮油

（1）齿轮油的分类

车用齿轮油的分类和发动机润滑油一样，通常按使用性能和黏度分类。

按使用性能分类

目前国际上广泛采用API（美国石油协会）使用分类法，它按齿轮承载能力和使用条件不同，将车辆齿轮油分为GL-1、GL-2、GL-3、GL-4、GL-5、GL-6等六个级别。

按黏度分类

我国车辆齿轮油的黏度等级采用SAE（美国汽车工程师协会）黏度分类法，GB7631.1-2008按齿轮油黏度为150 000mPa·s时的最高温度和100℃时的运动黏度，将齿轮油分为70W、75W、80W、85W、

90、140和250等7个黏度牌号。其中，带W级号为冬季用油。另外GB7631.2-2008还规定有3个多级油的牌号，即80w／90、85w／90、85W／140等多级油。

（2）齿轮油的选用与注意事项

齿轮油的选用原则如下：

根据齿轮工作条件的苛刻程度选用使用等级：

齿轮工作条件的苛刻程度是由齿轮的类型及其工作时的负荷和表面滑移速度决定的。普通齿轮传动可选用普通车辆齿轮油，双曲线齿轮传动必须选用双曲线齿轮油。若汽车在山区或满载拖挂行驶，并经常处于高负荷状态下，工作苛刻、油温较高，也可以选用双曲线齿轮油。

根据季节气温选择黏度等级：

齿轮的低温黏度达150 000mPa·s时的最高温度决定其适用的最低气温。因此齿轮油的黏度等级一般是根据不同地区或季节的气温情况来选择的。气温高时，选择黏度高的齿轮油；反之，气温低时，选择黏度低的齿轮油。长江流域及其他地区冬季气温不低于-10℃的地区，全年可用90号油；长江以北冬季气温不低于-26℃的寒区，全年可用80W／90油；黑龙江、内蒙古、新疆等冬季气温在-26℃以下的严寒区，冬季使用75W号油，夏季换用90号油；其他地区全年可用85W／90油。

齿轮油使用注意事项如下：

注意事项1

不同品牌的齿轮油不要混用。因为不同品牌齿轮油的某些性能指标不一样，若混用会降低齿轮油的使用效果。

注意事项2

一般使用等级高的齿轮油可用在要求低的车辆上，但使用等级低的齿轮油决不能用在要求高的车辆上。如双曲线齿轮油可用于双曲线齿轮驱动桥润滑，也可用于普通齿轮传动的润滑，但却不可将普通车辆齿轮油用在双曲线的齿轮传动，否则将使齿轮加速磨损和损坏。

注意事项3

在保证润滑的条件下，尽量使用黏度合适的齿轮油，不要使用黏度过高的齿轮油，否则会造成浪费和增加燃料的消耗量。

注意事项4

齿轮油在使用过程中，应按规定及时更换。一般汽车每行驶40 000~50 000km后，结合定期维护予以换油。换油时应尽量将旧油放尽，并清洗齿轮箱。同时应将换下的废油集中处理，以免污染环境。

注意事项5

严防水分、机械杂质、燃油等混入齿轮油。

三、液力传动油

1. 液力传动油的分类

国际液力传动油的分类是按照ASTM（美国材料试验学会）和API（美国石油学会）的分类方案，将液力传动油分为PTF-1、PTF-2、PTF-3等3类。目前世界各国主要使用通用公司的Dexron、Dexron

I、DexronⅡ、DexronⅢ型和福特公司的E、F型。

我国目前液力传动油尚无国家标准，现行标准为中国石化总公司的企业标准，该标准将液力传动油分为6#液力传动油和8#液力传动油两种。

8#液力传动油：

8#液力传动油具有良好的黏温性、抗磨性和较低的摩擦系数，它接近于PTF-1级油，适用于轿车、轻型卡车的自动变速器；

6#液力传动油：

6#液力传动油比8#液力传动油具有更好的抗磨性，但黏温性稍差，它接近于PTF-2级油，适用于内燃机车和重型货车的多级变矩器和液力耦合器。

2. 液力传动油的选用与注意事项

必须严格按车辆使用说明书的规定，选用适合品种的液力传动油。若无说明书的车辆，轿车、轻型货车应选用8号液力传动油，进口轿车要求用GM-A型、A-A型或Dexron型液力传动油的也可用8号液力传动油代替；而重型货车、工程机械的液力传动系统，则可选用6号液力传动油。

液力传动油的使用注意事项如下：

注意事项1

要经常检查液力传动油的油平面，通常车辆每行驶10 000km应检查一次。若发现油平面下降过快，则可能出现漏油，应及时予以检查排除。

注意事项2

应按车辆使用说明书的规定期限，及时更换液力传动油和过滤器或清洗滤网，同时拆洗油底壳，并更换密封垫。若无说明书的车辆，通常每行驶30 000km应更换一次液力传动油。换下的油应集中处理。

注意事项3

当液力传动油出现理化变质时，不管是否到了换油周期，均应及时检查原因并更换液力传动油。

注意事项4

注意有些进口车辆使用长寿命液力传动油，这种液力传动油只要没有发生理化变质仍可继续使用。

四、液压油

1. 液压油的分类

现代汽车上的许多机构都采用了液压传动，如液压制动系统、液压减振器、自动变速器、助力转向系统、离合器液压操纵机构外，自动倾卸机构、高档车上的玻璃升降器等。另外在汽车维修机械中也被广泛应用，如液压传动，如举升机、各部件拆装升降平台、千斤顶等。

在我国液压油的分类按国家标准（GB7631.2-2003）规定的润滑剂和有关产品（L类）中的H组（液压系统）分类命名方法，汽车及其维修机械液压系统常用的液压油品种主要有：L-HL、L-HM、L-HV和L-HR液压油等。

（1）LHL液压油

LHL液压油是一种精制矿物油，能改善防锈和抗氧化性的润滑油。它常用于低压液压系统和传动装置，在0℃上环境下使用。

（2）LHM液压油

LHM液压油是抗磨型液压油。它是在LHL油的基础上改善其抗磨性能的润滑油。它适合于低、中、高压液压系统，也可用于其他中等负荷机械润滑部位，适用的环境温度为-5～60℃。

（3）LHV液压油

LHV液压油是低温抗磨型液压油。它是在LHM油的基础上改善其粘温性能的润滑油。它适用的环境温度变化较大或工作条件恶劣的低、中、高压液压系统（如野外作业的工程车辆，军车等），也可用于其他中等负荷机械润滑部位。

（4）LHR液压油

LHR液压油也是低温抗磨型液压油。它是在LHV油的基础上改善其粘温性能的润滑油。它适用的环境温度变化较大或工作条件恶劣的低压液压系统和其他轻负荷机械润滑部位。

2. 液压油的使用注意事项

液压油的使用注意事项如下：

注意事项1

严格按照液压系统的使用说明书选择合适的液压油。按规定的换油指标及时换油。

注意事项2

应特别注意保持液压油的清洁。防止沙、尘等杂物的侵入，否则会严重影响液压系统各元件的使用寿命。

注意事项3

不同品质、不同牌号的液压油不得混合使用。

五、制动液

1. 制动液的分类

制动液按其组成和特性不同，一般可分为醇型、矿油型和合成型制动液三类。其中合成型制动液是目前广泛应用的主要品种。

我国汽车用制动液按照国家标准GB12981-2012《机动车辆制动液》进行分类。按机动车辆安全使用要求分为HZY3、HZY4、HZY5三种产品，它们分别对应国际通用产品DOT3、DOT4、DOT5或DOT5.1。

2. 制动液的选用原则和注意事项

制动液的选用原则如下：

根据环境条件：

环境条件主要是指气温、湿度和道路条件等。如在炎热的夏季、常在山区多坡或高速公路上行驶的车辆，制动强度大，制动液工作温度高，特别是在湿热条件下，一般应选用HZY3或HZY4合成制动液。

根据车辆速度性能：

高速车辆或常在市区行驶的车辆，制动液工作温度较高，应使用级别较高的制动液。

制动液的使用注意事项如下：

注意事项1

如果有车辆使用说明书，应严格按照说明书选用相应级别的制动液。注意车辆有无配备制动防抱死（ABS）或牵引力控制等电子控制系统时对制动液是否有不同的要求。

注意事项2

尽量选择性能稳定、质量可靠的品牌制动液。各种品牌的制动液原则上不能混用，因为它们不一定具有相容性。

注意事项3

应按车辆使用说明书要求，定期更换制动液。一般车辆每行驶40 000～50 000km或1～2年更换一次，因为制动液使用到一定时间，其各种使用性能会下降，从而影响到行车安全。更换下的制动液应集中处理，以免对环境造成污染。

注意事项4

更换不同品牌或不同级别的制动液时，应用新的制动液清洗一次。不得用汽油、煤油等清洗，还要防止水分和各种杂质混入。

注意事项5

如果车辆出现制动过软，连续踩几脚才有制动时，应及时检查制动液液面高度是否合适，并按规定操作程序进行排气。

注意事项6

合成型制动液型号很多，颜色各异，选用时必须注意其质量指标中的使用温度范围，常温和低温下的黏度、有无沉淀和异味。

注意事项7

制动液应密封存放，车辆上制动液油壶盖应盖好，以防制动液吸收大气中的水分而降低沸点。

注意事项8

制动液对车辆漆面有一定的腐蚀性，检查或更换制动液时，应注意别溅到车上或身上，若不慎溅到车上或身上应及时用清水清洗。

注意事项9

行车中若发现制动液位报警灯闪烁时，应及时检查制动液面是否正常。液面若过低，应及时补充同级同牌的制动液。为此，车上尽量备有制动液。

六、防冻冷却液

防冻冷却液是在清洁的水中加入一定比例的防冻剂而配制成具有不同冰点的产品。根据防冻冷却液中加入防冻剂的不同构成不同品种的防冻液。目前，常用的防冻品种有乙二醇型、酒精型号和甘油型等。而乙二醇型-水冷却液，因其具有冰点低、沸点高、防腐性好，被广泛使用。

乙二醇型防冻液根据石化行业标准NB/SH/T0521-2010规定，按其冰点不同分为-25、-30、-35、-40、-45、-50等6个牌号。

选用应根据当地冬季最低气温选用适当冰点牌号的防冻液，一般防冻液冰点应至少低于最低气温5℃。选用浓缩防冻液应按说明书规定的比例加入蒸馏水或去离子水，配制出具有与使用条件相对应冰点的防冻液，配制时不得使用自来水等非清洁水。

若无特殊要求的车辆，可以选用乙二醇型防冻液以降低运输成本。对于一些中高档车辆，要求使用其专用防冻液，应按车辆说明书选用对应的防冻液。

防冻冷却液的使用注意事项如下：

注意事项1

市场上的防冻液质量参差不齐，注意选购信誉良好的品牌。合格的防冻液，只要维护得当，一般可以连续使用3～5年，但要求每年要检测一次。

注意事项2

乙二醇对人体有毒性，使用保管时应严防入口。

注意事项3

防冻液对环境有一定的污染，更换下的防冻液要集中处理。

注意事项4

应定期检查冷却水的液面高度，若液面过低应及时添加清洁水。

注意事项5

要针对各种发动机具体结构特点选用防冻液种类，强化系数高的发动机，应选用高沸点防冻液；缸体或散热器用铝合金制造的发动机，应选用含有硅酸盐类添加剂的防冻液。另外，有一些高档汽车还为其发动机规定专用的防冻液，例如，上海桑塔纳发动机就要求使用大众公司特制的G11防冻液。因此，在选用防冻液时要严格按照发动机使用说明书中的要求选用。

注意事项6

防冻液的膨胀率一般比水大，若无膨胀水箱，防冻液只能加到冷却系容积的95%，以免防冻液溢出。

注意事项7

若发动机冷却系原先使用的是水或换用另一种防冻液，在加入新的一种防冻液之前，必须将冷却系冲洗干净。

注意事项8

不同牌号的防冻液不能混装混用，以免起化学反应，破坏各自的综合防腐能力，用剩后的防冻液应在容器上注明名称，以免混淆。

注意事项9

在使用后，若因冷却系渗漏引起散热器液面降低时，应及时补充同一品牌防冻液，若液面降低系水蒸发所致，则应向冷却系添加蒸馏水或去离子水，切勿加入井水、自来水等硬水；当发现防冻液中有悬浮物、沉淀物或发臭时，证明防冻液已起化学反应，已变质失去功效，应及时地清洗冷却系统，并全部更换其防冻液。

注意事项10

酒精型防冻液容易挥发，使用中应注意防火，在发动机水温高时，不要打开散热器盖，也不要让发动机立即熄火，以免因防冻液急剧升温而突然喷出，造成失火；如果因酒精挥发使散热器液面下降时，可用80%的乙醇加注补充。

七、制冷剂

汽车空调用制冷剂最早广泛使用CFC-12（亦写为R-12），后来使用环保型产品HFC-134a（亦写为R-134a）。

CFC-12制冷剂具有制冷能力强、化学性质稳定、安全性好等优点。但是研究证明，CFC—12释放在大气中后，会消耗大气层中的臭氧，而破坏了大气对地球的保护作用（臭氧层可防止太阳光中紫外线直接射向地球），对人类和生物带来危害。

HFC-134a对大气层不起破坏作用，但比较CFC-12，制冷能力较小，但传热性能优越。

近年来，常常根据制冷剂的化学组成表示制冷剂的种类。不含氢的卤代烃为氯氟化碳，写成CFC；含氢的卤代烃为氢氯氟化碳，写成HCFC；不含氯的卤代烃为氢氟化碳，写成HFC；碳氢化合物，写成HC。CFC、HCFC、HFC、HC等后面接数字或字母的编制方法，同国家标准GB／T7778—2001规定一致。例如R12属氯氟化碳化合物，表示成CFCl2；R22、R134a分别表示成HCFC22和HFC134a。

制冷剂的选用是一个比较复杂的技术经济问题，需要考虑的因素很多，选择时应根据具体情况，进行全面的技术分析，其选用原则如下：

考虑环保的要求：

制冷机设计时，选用的制冷剂要选择符合国际制冷剂替代总的框架和我国替代的国家方案所推荐的制冷剂，根据制冷机的使用寿命使用HCFCs或HFCs制冷剂。对于出口产品，还应符合使用国的国家标准。

考虑制冷温度的要求：

选用高温（低压）、中温（中压）、低温（高压）制冷剂时，应考虑制冷剂温度和冷却条件的不同等因素。通常，选择的制冷剂的标准蒸发温度要低于制冷温度10℃。选择制冷剂还应考虑制冷装置的冷却条件、使用环境等。运行中的冷凝压力不应超过压缩机安全使用条件的规定值。汽车空调只能用车外空气做冷却介质，对其产生影响的气温、风速、太阳辐射、热辐射等因素无不都在发生变化，其运行条件决定它只能选用高温（低压）制冷剂，过去选用R12，目前大多选用R134a。

考虑制冷剂的性质：

根据制冷剂的热力性质、物理性质和化学性质，选用那些无毒、不爆炸、不燃烧的制冷剂；选用制冷剂应传热好、阻力小、与制冷系统用材料相容性好。二氧化碳制冷剂在汽车中的应用正在试验阶段，一旦成熟，是可选用的一种好的制冷剂。

考虑压缩机的类型：

不同的制冷压缩机的工作原理有所不同。体积式压缩机是通过缩小制冷剂蒸气的体积提高其压力的，一般选用单位体积制冷量大的制冷剂，如R134a、R22等。

制冷剂的种类很多，随着科学技术的进步，新工质不断出现，以适宜于不同的制冷装置。

HFC-134与CFC-12制冷剂的系统是有区别的，使用时切不可用错制冷剂量。否则会引起制冷系统故障。制冷剂使用注意事项如下：

在使用CFC-12时应注意：

①制冷剂容器避免日光直射，火炉烘烤，以防意外。
②避免与人的皮肤直接接触，以防冻伤；尤其避免误入眼睛，以防造成失明。
③尽管CFC-12是无毒或低毒，但与火焰接触时，会产生毒气。
④操作现场应通风良好。

在使用HFC-134a时，除了要注意上述问题外，还应注意：

①干燥剂应用XH-7，并增加用量。
②冷冻机油应用适于HFC-134a的专用油。
③制冷系统密封材料应用专用材料。

八、汽车轮胎

汽车轮胎的养护内容如下：

（1）保持轮胎标准气压

轮胎气压是根据轮胎负荷等条件规定的，轮胎气压应符合该轮胎承受负荷时规定的压力。一般可照汽车使用说明书规定的轮胎气压检查。

（2）防止轮胎超载

轮胎的负荷不应超过轮胎的额定负荷，在汽车使用过程中不得超载。装载要分布均匀，不可重心偏移，保持货物均匀分布。

（3）掌握车速，控制胎温

要求汽车所使用的轮胎应与最高设计车速相适应。最大设计车速较高的汽车须选用具有高速特性的轮胎。汽车夏季行驶时应增加停歇次数，如果轮胎发热或内压增高，应停车休息降温，严禁放气降低轮胎气压，也不要用冷水浇泼。

（4）掌握车速，控制胎温

保持汽车技术状况良好：
①前轮前束和外倾角应符合标准。
②行车制动器调整良好，不拖滞。
③轮毂轴承的间隙调整适当。
④轮胎螺母紧固，车轮应平衡。
⑤钢板弹簧的挠度应尽量一致，前后轴平行。
⑥轮毂油封和液压制动轮缸无漏油现象。
⑦车轮总成的横向摆动量和径向跳动量应符合GB 7258-1997《机动车运行安全技术条件》的要求，对车轮总成的横向摆动量和径向摆动量的要求是：总质量小于或等于4.5t的汽车不得大于5mm，其他车辆不得大于8mm。

（5）正确驾驶

汽车应起步平稳，加速均匀，选择路面，少用紧急制动。

在滑路上要缓慢起步，以均匀速度行驶，车轮打滑空转时应即时采取防滑措施；行驶中注意选择路面，尽量避开障碍物和难行路段；道路不良或转弯时应减速行驶；遇有沟槽、坑洼或铁轨等障碍时，要以低速缓慢通过；在保证安全的前提下，少用制动器，尽量避免紧急制动。

（6）合理搭配，正确拆装

轮胎必须装配在规定规格的轮辋上；同一车轴应装配相同规格、花纹和层级的轮胎；普通斜交轮胎与子午线轮胎在同车上不能混用；轮胎花纹应根据道路条件选择，装配有向花纹轮胎时，花纹“人”字尖端的指向要与汽车前进时轮胎旋转方向一致；换装新胎时，应尽量做到整车或同轴同换；为确保行车安全，翻新轮胎不能装在转向轮上；汽车所使用的轮胎应与最大设计车速相适应。

拆装轮胎要使用专门的工具，严禁使用大锤敲击或其他尖锐器械；装内胎时，应在外胎内壁和内胎表面涂滑石粉，以便于内胎的伸展。内胎气门嘴应放置在轮辋气门嘴孔的中心，双胎并装时，应将内挡轮胎的车轮螺栓紧固后，再装外挡轮胎。

（7）强制维护，及时翻修

轮胎技术状况应符合GB 7258—2017《机动车运行安全技术条件》的“轮胎要求”。对轮胎的维护应与整车维护一样，贯彻预防为主，强制维护的原则。轮胎维护分为日常维护、一级维护和二级维护，维护周期按汽车规定的维护周期执行。

（8）正确装运，妥善保管

装运轮胎时，不得与油类、易燃物、化学腐蚀品等混装，并用篷布遮盖，以免阳光照射或雨淋。长途运输必须竖立放置，内胎如无包装，需放在外胎内，并适量充气。

情境二：汽车维护常用工具

一、常用工具的使用

在汽车保养维修中经常用到的专用工具有：扳手、螺钉旋具（起子）、钳子、千斤顶、锤子、滑脂枪、活塞环拆装钳等等。

1. 扳手

汽车维修过程中，除了常用的开口扳手、梅花扳手、活动扳手、套筒扳手外，还经常使用扭力扳手及专用扳手。常用的扳手，见图2-2。

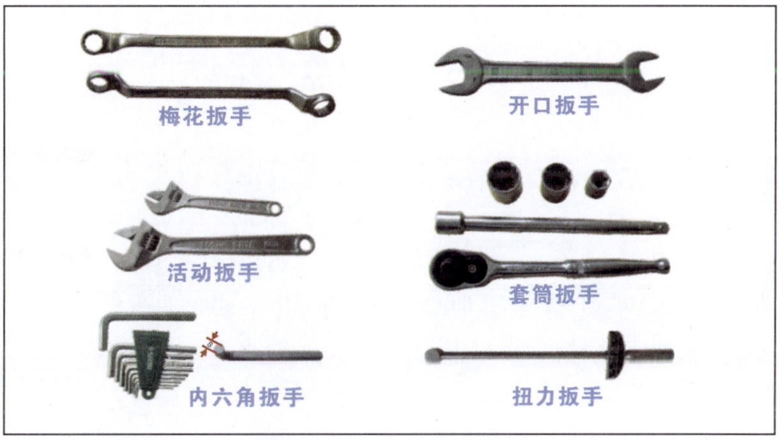

图2-2 部分常用的扳手

（1）扭力扳手

扭力扳手是一种与套筒扳手中的套筒相配合使用，能显示扭矩大小的专用工具。扭矩的国际单位是N·m，汽车维修中常用扭力扳手的规格是0～300N·m。

（2）专用扳手

专用扳手是一种用途较为单一的特殊扳手的通称，通常以其用途或结构特点来命名。每一种专用扳手，又可以按照不同规格和尺寸进行分类。在使用专用扳手时，必须选用与零件相适应的扳手，以免扳手滑脱伤手或损坏零件。常用的专用扳手和用途见表2-3。

表2-3 常用的专用扳手及其用途

扳手名称	主要用途
内六角扳手	扭转内六角头部的螺栓
圆螺母扳手	扭转槽型圆螺母
叉形凸缘及转向螺母套筒扳手	扭转轮毂轴承调整、锁紧螺母
方扳手	扭转四棱柱头部的螺栓，如油底壳，变速器等的放油螺栓
叉形扳手	扭紧圆柱孔定位的螺母，如减振器顶盖等
火花塞套筒扳手	拆装火花塞
气门芯扳手	拆装轮胎气门芯
钩形扳手	扭转槽形圆螺母等
专用套筒扳手	扭转特殊螺栓或螺母的扳手，如轮毂轴承螺栓、轮胎螺母
机油滤清器扳手	拆装机油滤清器总成

在使用扭力扳手时，一手按住套筒一端，另一手平稳地拉动扭力扳手的手柄，并观察扭力扳手指针指示的扭矩数值。

切忌在过载的情况下使用扭力扳手，以免造成读数失准或扳手损坏，用后应将扭力扳手平稳放置，避免重物撞、压，造成扳杆或扳手指针变形而影响其测量精度，甚至损坏扳手。

所选用的扳手的开口尺寸必须与螺栓或螺母的尺寸相符合，扳手开口过大易滑脱并损伤螺件的六角。在汽车维修过程中，应注意扳手公英制的选择；扳手的选用原则：优先选用套筒扳手，其次为梅花扳手，再次为开口扳手，最后选活动扳手。

2. 螺钉旋具

（1）一字起子

又称一字形螺钉旋具、平口改锥，用于旋紧或松开头部开一字槽的螺钉，见图2-3。一般工作部分用碳素工具钢制成，并经淬火处理。一字起子由木柄1、刀体2和刃口3组成；其规格以刀体部分的长度表示，常用的规格有100mm、150mm、200mm和300mm等几种，使用时，应根据螺钉沟槽的宽度选用相应的规格。

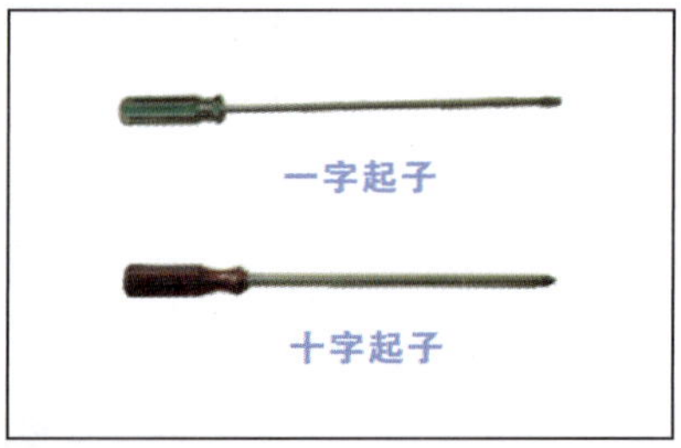

图2-3 常用的螺钉旋具

（2）十字起子

用于旋紧或松开头部带十字沟槽的螺钉，材料和规格与一字形起子相同，又称十字槽螺钉旋具或十字改锥，见图2-3。

3. 活塞环拆装钳

活塞环拆装钳是一种专门用于拆装活塞环的工具，见图2-4。维修发动机时，必须使用活塞环拆装钳拆装活塞环。

使用活塞环拆装钳时，将拆装钳上的环卡卡住活塞环开口，握住手把稍稍均匀地用力，使得拆装钳手把慢慢地收缩，环卡将活塞环徐徐地张开，使活塞环能从活塞环槽中取出或装入，见图2-5。使用活塞环拆装钳拆装活塞环时，用力必须均匀，避免用力过猛而导致活塞环折断，同时也能避免伤手事故。

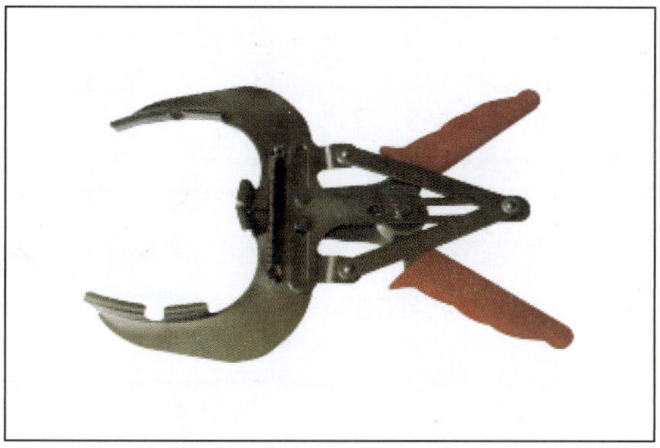

图2-4 活塞环拆装钳

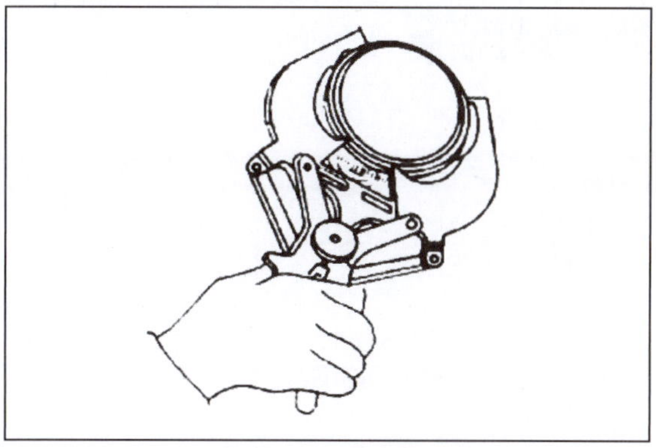

图2-5 拆装活塞环

4. 气门弹簧拆装架

气门弹簧拆装架是一种专门用于拆装顶置气门弹簧的工具，见图2-6。

使用时，将拆装架托架抵住气门，压环对正气门弹簧座，然后压下手柄，使得气门弹簧被压缩，这时可取下气门弹簧锁销或锁片，慢慢地松抬手柄，即可取出气门弹簧座、气门弹簧和气门等。

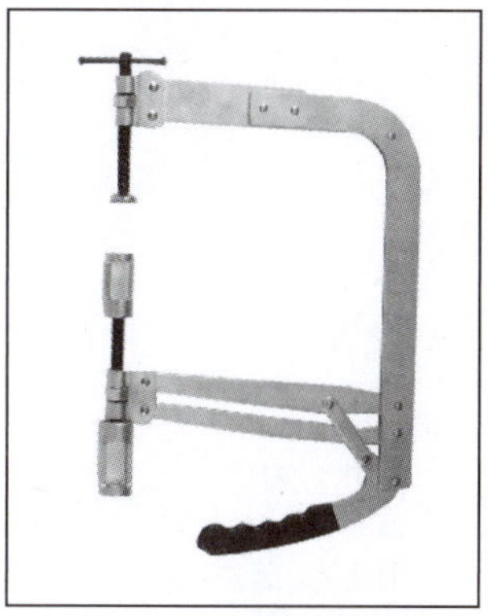

图2-6 气门弹簧拆装架

5. 润滑脂枪

润滑脂枪又称黄油枪是一种专门用来加注润滑脂的工具，见图2-7。

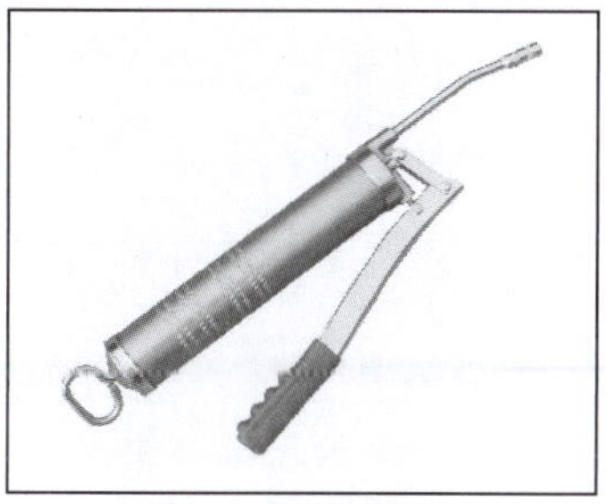

图2-7 润滑脂枪

填装方法如下：

步骤1

拉出拉杆使柱塞后移，拧下滑脂枪压力缸筒前盖。

步骤2

把干净黄油分成团状，徐徐装入缸筒内，且使黄油团之间尽量相互贴紧，便于缸筒内空气排出。

步骤3

装回前盖，推回拉杆，柱塞在弹簧作用下前移，使黄油处于压缩状态。

注油方法如下：

步骤1

把滑脂枪接头对正被润滑的黄油嘴（滑脂嘴），直进直出，不能偏斜，以免影响黄油加注和减少润滑脂的浪费。

步骤2

注油时，如注不进油，应立即停止，并查明堵塞的原因，排除后再进行注油。

6. 千斤顶

千斤顶是一种最常用最简单的起重工具，按照其工作原理可以分为机械丝杆、气压式和液压式；按照所能起顶质量可以分为3 000kg、5 000kg、9 000kg等多种不同规格，目前广泛使用的是液压式千斤顶，见图2-8。

以液压式千斤顶为例介绍其使用方法：

图2-8 液压式千斤顶

步骤1

起顶车辆前，应把千斤顶顶面擦拭干净，拧紧液压开关，把千斤顶放置在被顶部位的下部，并使千斤顶与被顶部位间相互垂直，以防千斤顶滑出而造成事故。

步骤2

旋转顶面螺杆，改变千斤顶顶面与被顶部位的原始距离，使起顶高度符合汽车需要的顶置高度。

步骤3

用三角形垫木，将汽车着地车轮前后塞住，防止车辆在起顶过程中发生滑溜事故。

步骤4

用手上下压动千斤顶手柄，被顶汽车逐渐升到一定高度，在车架下放入搁车凳，禁止用砖头等易碎物支垫汽车。落车时，应先检查车下是否有障碍物，并确保操作人员的安全。

步骤5

缓缓拧松液压开关，使车辆缓慢平稳地下降，架稳在搁车凳上。

使用注意事项如下：

注意事项1

汽车在起顶或下降过程中，禁止在汽车下面进行作业。

注意事项2

应徐徐拧松液压开关。使汽车缓慢下降，汽车下降速度不能过快，否则，易发生事故。

注意事项3

在松软路面上使用千斤顶起顶汽车时，应在千斤顶底座下加垫一块有较大面积且能承受压力的材料（如木板等），防止千斤顶由于汽车重压而下沉。

注意事项4

千斤顶把汽车顶起后，当液压开关处于拧紧状态时，如果发生自动下降故障，则应立即查找原因，及时排除故障后方可继续使用。

注意事项5

如发现千斤顶缺油时，应及时补充规定油液，不能用其他油液或水代替。

注意事项6

千斤顶不能用火烘热，防皮塑碗\皮圈损坏。

注意事项7

千斤顶必须垂直放置，以免因油液渗漏而失效。

7. 工作灯

工作灯是一种随车的照明灯具，主要用于维护作业中的局部照明。

工作灯使用的电源是汽车的电源，使用时将工作灯插头插入汽车工作灯插座内即可。这时可将工作灯悬于需照明的作业部位或用手持工作灯柄直接照射需照明的作业部位。

8. 拉马

拉马可以用来完成以下三种工作：

①把物体从轴上拉出；

②把物体从孔中拉出；

③把轴从物体中顶出。

如图2-9的第一个例子是表示把齿轮、轮子或轴承从轴上拉出；第二个例子是表示把轴承外圈、保持器、油（密）封从孔里拉出；第三个例子是表示抓住轴并压住外壳，把轴顶出来。除了这几种应用外，拉马还有其他应用。

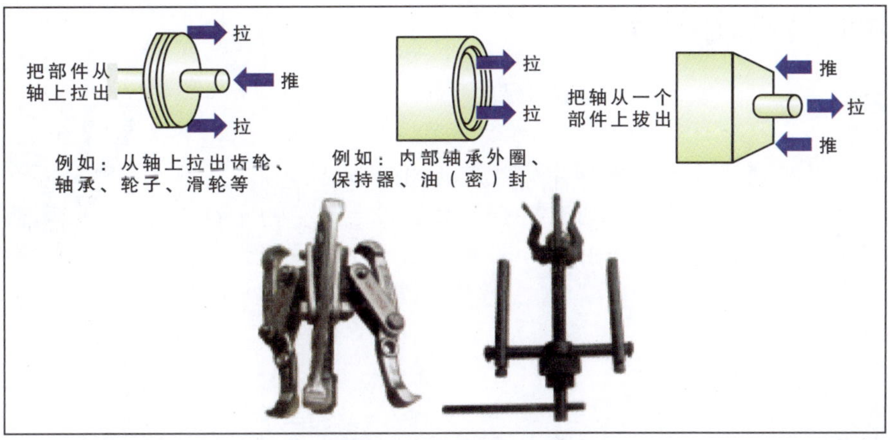

图2-9 拉马的使用说明

9. 其他常用工具

（1）锤子

又称圆顶锤，见图2-10。其锤头一端平面略有弧形，是基本工作面，另一端是球面，用来敲击凹凸形状的工件。规格以锤头质量来表示，以0.5～0.75kg的最为常用，锤头以45号、50#钢锻造，两端工作面热处理后硬度一般为HRC50-57。

图2-10 锤子

（2）尖嘴钳

因其头部细长，所以能在较小的空间工作，带刃口的能剪切细小零件，使用时不能用力太大，否则钳口头部会变形或断裂，规格以钳长来表示，常用160mm一种，见图2-11。

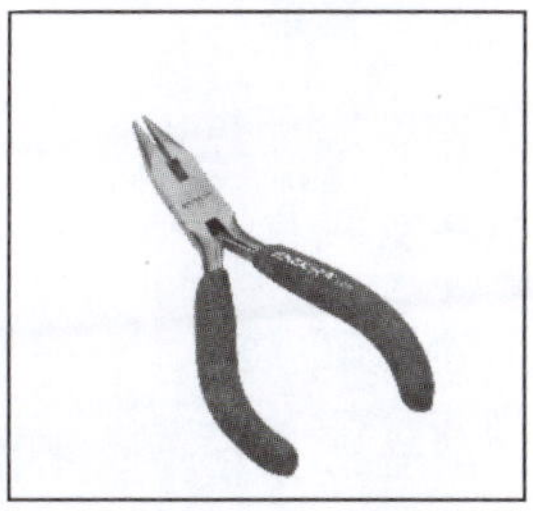

图2-11 尖嘴钳

（3）鲤鱼钳

鲤鱼钳钳头的前部是平口细齿，适用于夹捏一般小零件，中部凹口粗长，用于夹持圆柱形零件，见图2-12。它也可以代替扳手旋小螺栓、小螺母，钳口后部的刃口可剪切金属丝，由于一片钳体上有两个互相贯通的孔，又有一个特殊的销子，所以操作时钳口的张开度可很方便地变化，以适应夹持不同大小的零件，是汽车维修作业中使用最多的手钳，规格以钳长来表示，一般有165mm、200mm两种，用50#钢制造。

（4）钢丝钳

钢丝钳：钢丝钳的用途和鲤鱼钳相似，但其支销相对于两片钳体是固定的，故使用时不如鲤鱼钳灵活，但其剪断金属丝的效果比鲤鱼钳要好，见图2-13。钢丝钳的规格有150mm、175mm、200mm三种。

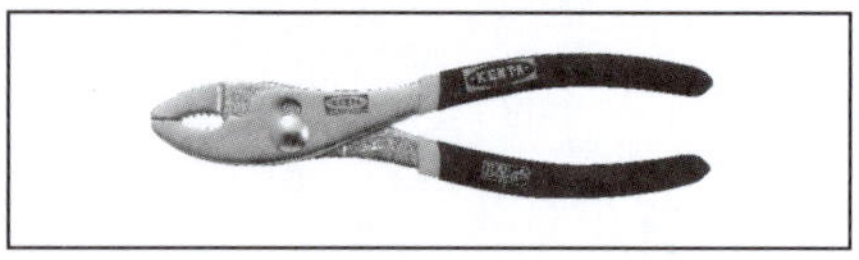

图2-12 鲤鱼钳

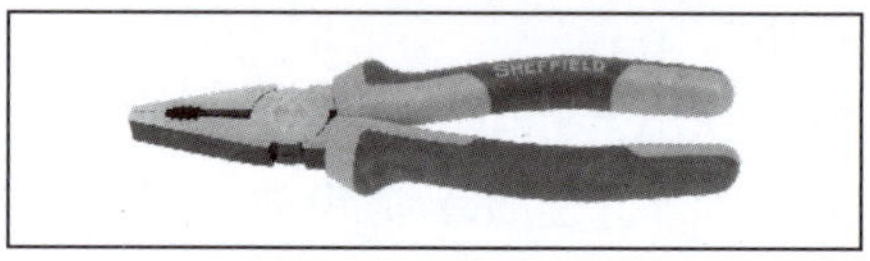

图2-13 钢丝钳

二、常用量具及使用方法

1. 塞尺

塞尺是一种由多片不同厚度的标准钢片所组成的测量工具，钢片上标有其厚度值，又称厚薄规或间隙片，见图2-14。主要用于测量两个接合面之间的间隙值。使用时，可以用一片进行测量，也可以由多片组合在一起进行测量。

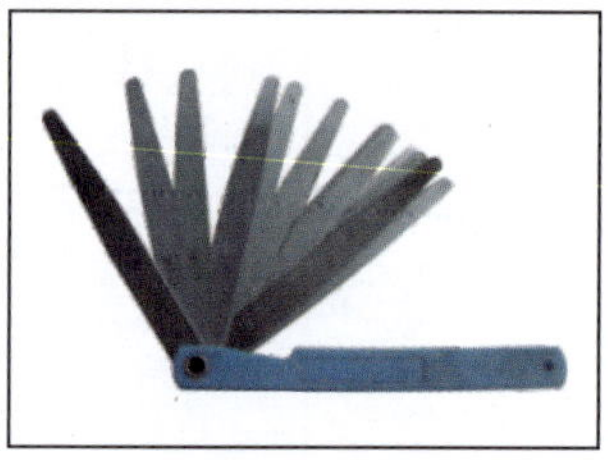

图2-14 塞尺

使用方法如下：

步骤1

先用干净布将厚薄规片擦拭干净，不能在厚薄规片沾有油污的情况下进行测量，否则，会直接影响测量结果的准确性。

步骤2

将塞尺片插入被测间隙中来回拉厚薄规片感到稍有阻力时，表明该间隙接近塞尺片上所标出的数值，如果拉动时阻力过大或过小，则该间隙值小于或大于塞尺片上所标出的数值。

使用注意事项如下：

注意事项1

在测量过程中，不允许剧烈弯折厚薄规片，或用较大的力硬将塞尺片插入被检测间隙中，否则，将损坏塞尺片。

注意事项2

测量后，应将塞尺片擦拭干净，并涂上一薄层机油或工业凡士林，然后将塞尺片收回夹框内，以防锈蚀、弯曲或变形。

2. 游标卡尺

游标卡尺是一种能直接测量工件直径、宽度、长度或深度的量具见图2-15、图2-16。

游标卡尺按照测量功能可以分为普通游标卡尺和深度游标卡尺，按照测量精度可以分0.10mm、0.20mm、0.05mm、0.02mm等。目前常用的游标卡尺，其测量精度为0.02mm。

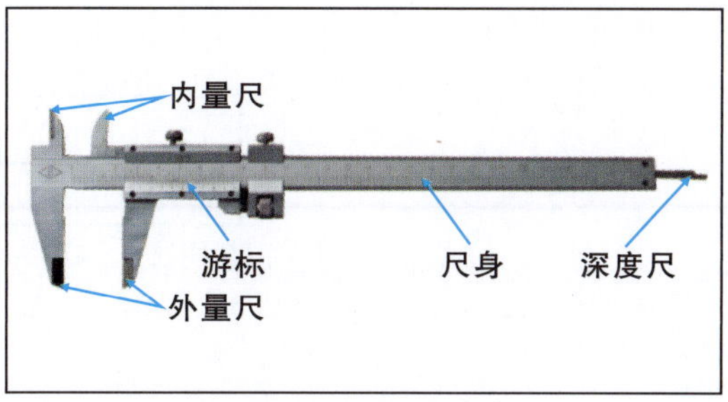

图2-15 游标卡尺

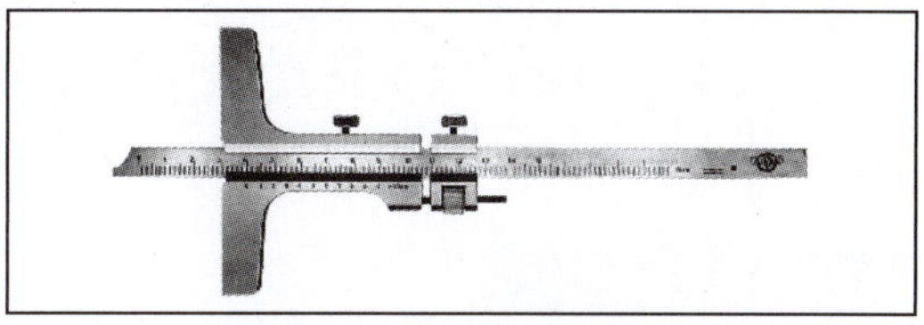
图2-16 深度游标卡尺

使用方法如下：

步骤1

使用前，先将工件被测表面和卡钳接触表面擦干净。

步骤2

测量工件外径时，将活动卡钳向外移动，使两卡钳间距大于工件外径，然后再慢慢地移动副尺，使两卡钳与工件接触。使用中，切忌硬卡硬拉，以免影响游标卡尺的精度和读数的准确性。

步骤3

测量工件内径时，将活动卡钳向内移动，使两卡钳间距小于工件内径，然后再缓慢地向外移动副尺，使两卡钳与工件接触。

步骤4

测量工件的内径和外径时，应使游标卡尺与工件垂直。测外径时，记下最小尺寸；测内径时，记下最大尺寸。

步骤5

用深度游标卡尺测量工件深度时，将固定卡钳与工件被测表面平整接触，然后缓慢地移动副尺，使卡钳与工件接触。测量时用力不宜过大，以免硬压游标而影响测量精度和读数的准确性。

步骤6

用后，应将游标卡尺擦拭干净，并涂一薄层工业凡士林，放入卡尺盒内存放，切忌弯折、重压。

读数方法如下：

步骤1

读出副尺零刻线所指示主尺上左边刻线的毫米整数。

步骤2

观察副尺上零刻线右边第几条刻线与主尺某一刻线对准，将游标精度乘以副尺上的格数，即为毫米小数值。

步骤3

将主尺上整数和副尺上的小数值相加即得被测工件的尺寸。

例如：

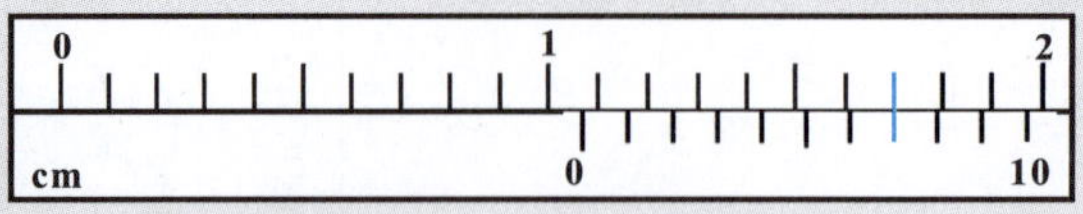

其读数为（10+7×0.1）mm=1.07cm

规律：读数=主尺上的读数（mm）+游标上的读数（刻度数n×精度mm）

对不同的游标卡尺进行读数应注意的地方：

A. 10刻度游标卡尺：读数=主尺上的数+n ×0.1（mm）

B. 20刻度游标卡尺：读数=主尺上的数+n ×0.05（mm）

C. 50刻度游标卡尺：读数=主尺上的数+n ×0.02（mm）

3. 千分尺

千分尺又称螺旋测微器、分厘卡尺。是一种用于测量加工精度要求较高的精密量具，其测量精度比游标卡尺高，且比较灵敏，其测量精度可达到0.01mm。一般分为外径千分尺、内径千分尺、杠杆千分尺、深度千分尺、壁厚千分尺、公法线千分尺等。本节主要以外径千分尺为例介绍。

外径千分尺它是由尺架、测微装置、测力装置和锁紧装置等组成。见图2-17。按照测量范围可分为0～25mm、25～50mm、50～75mm、75～100mm和100～125mm等多种不同规格，但每种千分尺的测量范围均为25mm。

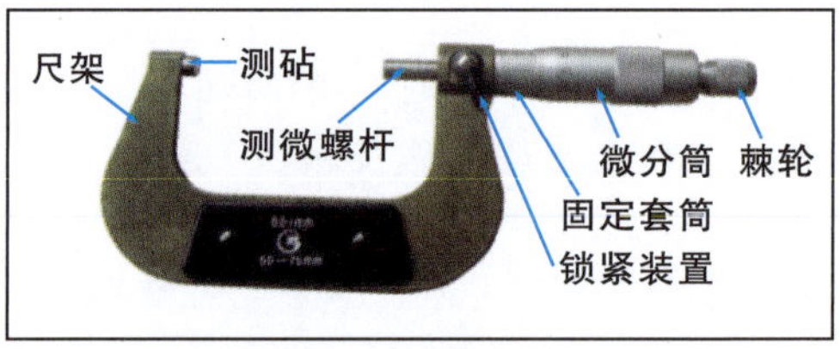

图2-17 外径千分尺

（1）千分尺的误差检查

千分尺误差检查如下：

①把千分尺砧端表面擦拭干净。

②旋转棘轮盘，使两个砧端夹住标准量规，直到棘轮发出2～3响“咔咔”声，这时检视指示值。

③活动套筒前端应与固定套筒的“零”线对齐。

④活动套筒的“零”线与固定套筒的基线应对齐。

⑤若两者中有一个“零”线不能对齐，则该千分尺有误差，应检查调整后才能用于测量。

（2）千分尺使用方法

千分尺使用方法如下：

①将工件被测表面擦拭干净，并置于千分尺两砧端之间，使千分尺螺杆轴线与工件中心线垂直或平行。若歪斜着测量，则直接影响测量的准确性。

②旋转旋钮，使砧端与工件测量表面接近，这时改用旋转棘轮盘，直到棘轮发出“咔咔”声时为止，这时的指示数值就是所测量到的工件尺寸。

③用后，应将千分尺擦拭干净，保持清洁，并涂抹一薄层工业凡士林，然后放入盒内保存。禁止重压、弯曲千分尺，且两砧端不得接触，以免影响千分尺精度。

（3）千分尺的读数方法

千分尺误差检查如下：

①从固定套筒上露出的刻线读出工件的毫米整数和半毫米整数。

②从活动套筒上由固定套筒纵向线所对准的刻线读出工件的小数部分（百分之几毫米）。不足一格数（千分之几毫）,可用估算读法确定。

③将两次读数相加就是工件的测量尺寸。

例如：

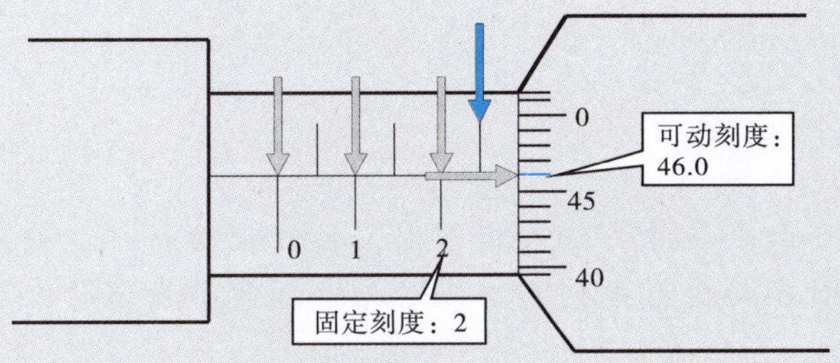

$L = 2 + 0.5 + 0.460 = 2.960$ mm

读数规律：读数L=固定刻度+半刻度+可动刻度

4. 百分表

百分表是一种比较性测量仪器，主要用于测量工件的尺寸误差和形位误差以及配合间隙等，其测量精度为0.01mm。

百分表的表盘刻度一般分为100格，当量头每移动0.01mm时，大指针就偏转1格（表示0.01mm）；当大指针旋转1圈时，小指针偏转1格（表示1mm）。指针的偏转量就是被测零件（工件）的实际偏差或间隙值。

百分表使用方法如下：

步骤1

先将百分表固定在表架（支架）上，以测杆端量头抵住被测工件表面，并使量头产生一定的位移（即指针存在一个预偏转值）。

步骤2

移动被测工件或百分表支架座，观察百分表表盘上指针的偏转量，该偏转量即是被测物体的偏差尺寸或间隙值。

百分表的使用注意事项如下：

注意事项1

测杆轴线应与被测工件表面垂直，否则，会影响测量精度。

注意事项2

百分表用后，应卸除所有的负荷，用干净软布将表面擦拭干净，并在金属表面涂抹一薄层工业凡士林，将百分表水平地放置盒内，严禁重压。

5. 内径百分表

内径百分表又称量缸表，是一种借助于百分表为读数机构，配备杠杆传动系统或楔形传动系统的杆部组合而成的仪表。见图2-18。内径百分表是一种比较性测量仪器，在汽车维修中主要用于测量发动机汽缸和轴承座孔的圆度误差、圆柱度误差或零件磨损情况，其测量精度为0.01mm。

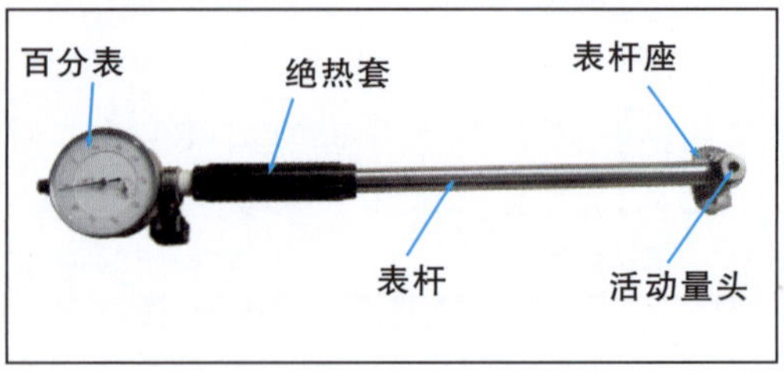

图2-18 内径百分表

内径百分表由百分表、表杆、表杆座、活动测杆（量头）、支撑架和一套长度不等的接杆等组成。

内径百分表使用方法如下：

步骤1

一只手拿住绝热套，另一只手尽量托住表杆下部，轻轻摆动表杆，使内径百分表测杆与汽缸轴线垂直（可通过观察百分表指针摆动情况来判断当表针指示到最小数值时，即表示测杆已垂直于汽缸轴线）。

步骤2

内径百分表读数方法与百分表相同，读出百分表头指示数值。

步骤3

确定工件尺寸：

①如果百分表头的大指针正好指在“0”处，说明被测工件的孔径（缸径）与其校表尺寸相等，若以标准尺寸进行校表，则表示工件尺寸与标准尺寸相同。

②如果百分表头大指针顺时针方向转离“0”位，则表示工件尺寸小于标准尺寸；反之则表示大于标准尺寸。

③通过对不同测量点的测量结果计算出圆度误差、圆柱度误差或工件的磨损情况。

6. 汽缸压力表

汽缸压力表是一种专门用于检查汽缸内气体压力大小的量具，见图2-19。其主要组成部件是压力表，按测量范围和用途分为汽油机压力表（0~1.4MPa）和柴油机压力表（0~1.4MPa）两种，是诊断发动机是否需要大、中修的仪表之一 。

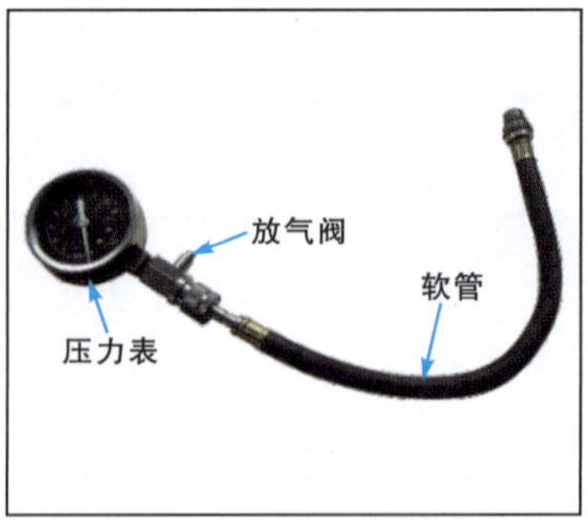

图2-19 汽缸压力表

汽缸压力表使用方法如下：

步骤1

启动发动机并运转到正常工作温度，旋下汽油机火花塞或柴油机喷油器。

步骤2

汽油发动机必须将节气门和阻风门完全打开，把汽缸压力表的锥形橡胶圈压紧在火花塞座孔上。

步骤3

柴油发动机必须采用螺纹接口式汽缸压力表，将汽缸压力表螺纹接口旋入喷油器座孔内。

步骤4

用启动机带动曲轴旋转3～5s，使发动机转速保持在150～180r/min（汽油机）或500r/min（柴油机），这时汽缸压力表所指示的压力值就是该汽缸的汽缸压力。

步骤5

按下汽缸压力表上的放气阀，则压力表指针回零。

步骤6

在实际测量汽缸压力时，每个汽缸应重复测量2～3次。

7. 轮胎气压表

轮胎气压表是专门用于测定轮胎气压的量具，常用的形式有标杆式和指针式两种，见图2-20。

轮胎气压表使用方法如下：

步骤1

将轮胎气压表测量端槽口轮胎气门嘴对正压紧。

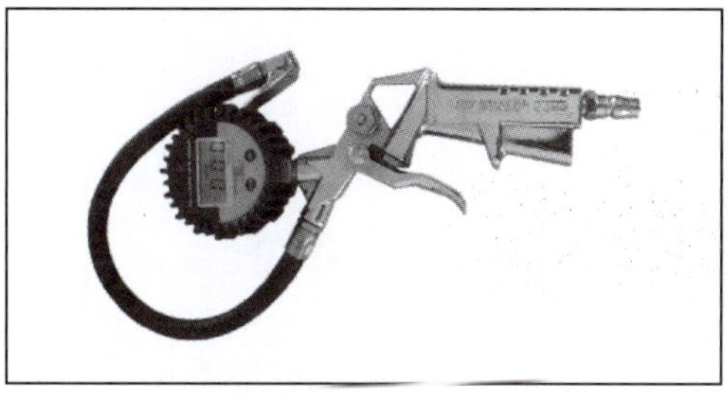

图2-20 轮胎压力表

步骤2

这时轮胎气压表指针发生偏转，其指示值即为该轮胎的充气压力；或者轮胎气压表标杆在气压作用下被推出，这时标杆上所显示的数值即为该轮胎的充气压力。

步骤3

测量完毕，应仔细检查轮胎气门芯是否有漏气，若有漏气，应予以排除。

8. 进气歧管真空表

进气歧管真空表是一种用于测量发动机进气歧管内真空度的工具，也可以检查汽油泵和真空装置的技术状况。

真空表刻度盘一般分为100格，测量范围为0～100kPa。

进气歧管真空表使用方法如下：

步骤1

将发动机运转到正常工作温度，并调整分电器和化油器，使发动机保持稳定怠速转速运转。

步骤2

观察真空表指针的指示值，并改变发动机的转速，观察真空度的变化情况，根据真空度的数值变化、分析和判断发动机不同工况下的技术状况。

9. 其他常用量具

(1) 钢板尺

是一种最简单的测量长度直接读数量具，用薄钢板制成，常用它粗测工件长度、宽度和厚度，常见钢直尺的规格有150mm、300mm、500mm、1 000mm等。

(2) 卡钳

分外卡钳和内卡钳，它是一种间接读数量具，不能直接读出尺寸，必须与钢板尺或其他刻线量具配合测量。

(3) 燃油压力表

燃油压力表用来检测发动机燃油供给系统的油压，来诊断燃油系统故障，见图2-21。

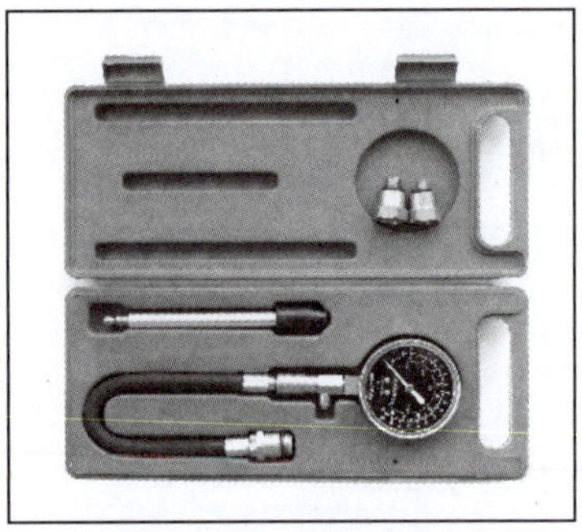

图2-21 燃油压力表

课题小结

1. 常见的汽车保养维护耗材有燃油、润滑剂、冷却液、制动液等。

2. 在汽车保养维修中经常用到的专用工具有扳手、螺钉旋具（起子）、钳子、千斤顶、锤子、滑脂枪、活塞环拆装钳等。

思考与练习

填空题

1. 扳手的选用原则：优先选用________________，其次为______________，再次为_____________，最后选________________。

2. 游标卡尺读数规律：读数=___________+___________。

3. 千分尺读数规律：读数=___________+___________+ ___________。

第三部分

汽车发动机的保养与维护

情境一：润滑系统维护

发动机工作时，很多传动零件都是在很小的间隙下做高速相对运动的，如曲轴主轴颈与主轴承，曲柄销与连杆轴承，凸轮轴颈与凸轮轴承，活塞、活塞环与汽缸壁面，配气机构各运动副及传动齿轮副等。尽管这些零件的工作表面都经过精细的加工，但放大来看这些表面却是凹凸不平的。

如果不对这些表面进行润滑，它们之间将发生强烈的摩擦。金属表面之间的干摩擦不仅增加发动机的功率消耗，加速零件工作表面的磨损，而且还可能由于摩擦产生的热将零件工作表面烧损，致使发动机无法运转。

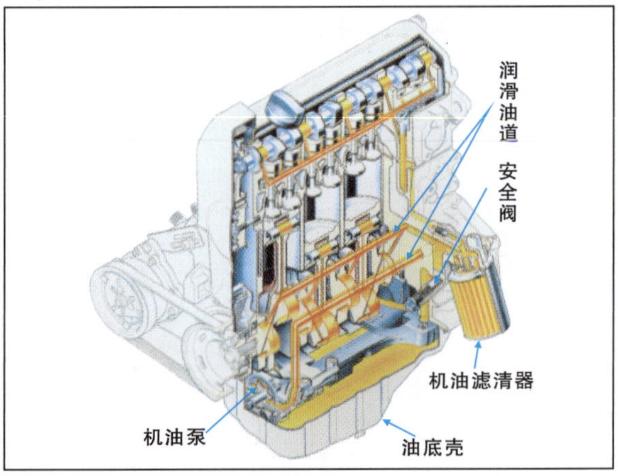

图3-1 发动机润滑系统位置结构图

润滑系统的功用就是在发动机工作时连续不断地把数量足够、温度适当的洁净机油输送到全部传动件的摩擦表面，并在摩擦表面之间形成油膜，实现液体摩擦。从而减小摩擦阻力、降低功率消耗、减轻机件磨损，以达到提高发动机工作可靠性和耐久性的目的。

发动机润滑系主要由油底壳、机油泵、机油集滤器、机油滤清器、安全阀、油管、汽缸体上润滑油道以及机油压力表和感应塞等组成。如图3-1、图3-2所示。

发动机润滑系统的功能是将润滑油不断地各运动零件的摩擦表面，主要有以下四个作用：

（1）润滑作用

润滑油可使运动零件之间构成油膜接触，减小摩擦阻力和动力损失，并减小机件的磨损。

（2）清洁作用

循环流动的润滑油将摩擦脱落的金属细屑带走，使之不致留在零件之间形成磨料而加剧磨损。

（3）散热作用

循环流动的润滑油将摩擦产生的热量带走，并使运动机件不致因升温过高而烧毁。

（4）密封作用

润滑油在活塞环与汽缸壁间构成的油膜，可起到一定的密封作用，减少漏气。

发动机机油对发动机性能有重要的影响，所以每天都应检测发动机机油量。

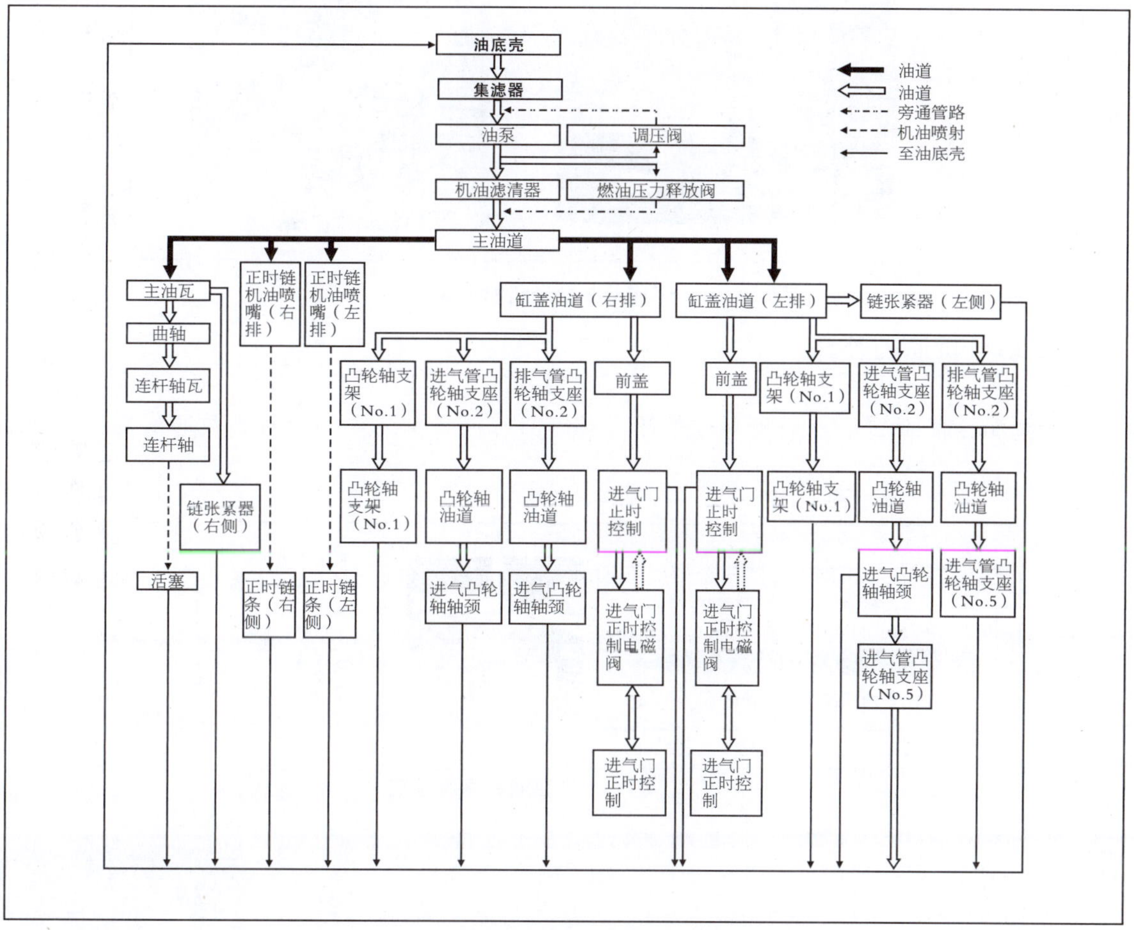

图3-2 发动机润滑系统油路示意图

一、汽油发动机润滑系统维护

1. 发动机机油油量的检查与补充

（1）发动机机油油面高度的检查

发动机机油对发动机性能有重要的影响，所以每天都应检测发动机机油量。

①检查前，须把车辆停放在水平地面上，启动发动机空转5分钟。

②发动机熄火，等待3分钟后，拔出机油油尺擦干净，重新插入油尺并再次取出，记录油尺上的油面，见图3-3。

③正确油面应在上位[F]和下位[L]之间的位置，见图3-4。

④用手捻搓机油尺上的机油，检查其黏度，看有无汽油味和水泡等。

⑤油面高度太高时，应及时查明原因予以排除，其原因可能是冷却水或汽油进入曲轴箱内所致。

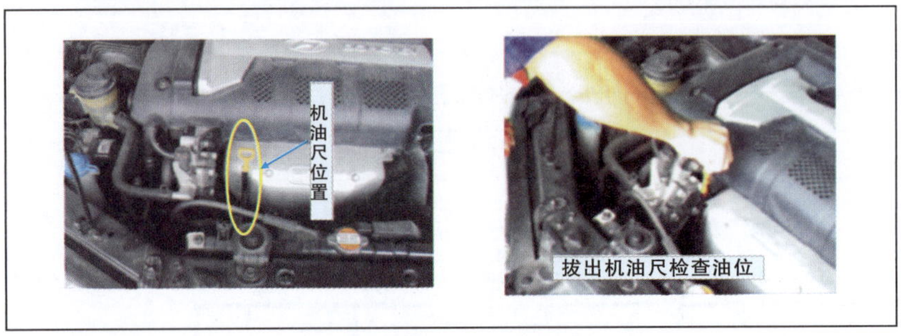

图3-3 发动机机油油尺

(2) 发动机机油的补充

如果油面低于[L]位置，在将油面过低原因排除后可适当补充添加同种性质的发动机机油至正常油面高度。

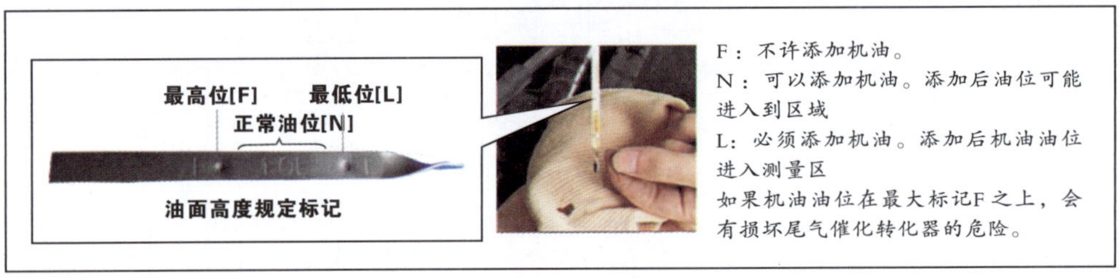

图3-4 机油液面高度检查

①将汽车停放在平地上，关闭发动机。若车辆长时间闲置，应先让其运转几分钟，再熄火。

②打开机油口盖。

③添加优质机油，见图3-5。应及时查看机油的加注量，注意不要过量。

④加注完后拧紧机油口盖。

图3-5 发动机添加机油

注意

①补充机油时防止杂物进入注入口，不要使油面超过[F]线，否则会导致发动机故障。检测机油量时，如果机油量超过[F]线或有异常，应及时检查排除。

②擦机油标尺时请使用干净的抹布，以免杂物混入发动机而产生故障。

③发动机机油消耗量随行驶距离的增加而增加，特别是在恶劣的环境下驾驶时，应随时检测机油量，不足时要及时补充。

·在机油量不足的状态下驾驶车辆，会发生发动机黏附故障。

·发动机机油起润滑与冷却作用，而且能提高发动机性能，延长使用寿命。但润滑气门导管和气门杆、活塞与缸壁内侧的一部分机油会进入燃烧室内燃烧，因而消耗机油。另外，车辆在高速、高负荷及交通堵塞情况下频繁停车和起步消耗的机油量要比正常行驶距离所消耗的机油量多。

所以应每天检查机油量。如果低于[L]线，应立即补充机油。

2. 发动机润滑系统的排放与清洗

发动机机油的排放流程如下：

步骤1 将车辆停在平整的地面上，启动发动机，进行发动机暖机。

步骤2 发动机熄火，拉紧驻车制动器，打开发动机盖及机油加油口盖。

步骤3 用举升设备举起车辆后，在放油塞下部放置废机油回收桶，拧开放油螺栓，放出机油。

步骤4 放完机油后，更换放油塞密封垫，拧紧放油塞。规定扭矩：15～20N·m。

步骤5 安装时按拆卸的相反顺序进行。

发动机润滑油道的清洗如下：

（1）发动机润滑油道的简单清洗

向排净机油后的发动机注入标准油面容量60%～70%的稀机油或经过滤清的优质柴油，然后以怠速运转2～3分钟，再将洗涤油放尽。

（2）发动机润滑油道清洗机清洗

一般发动机内机油滤芯只能过滤大于25μm的粒子，而发动机内焦油、油漆、金属屑等小于25μm的微粒子则继续流滞积聚在发动机各机油管路、机油泵和油底盘中。更换机油时不能清除掉这些微粒，从而造成了发动机的污染及较高的运转温度，严重影响机油的润滑性。

在发动机清洁护理时，用发动机润滑系统清洗机（见图3–6）可将发动机润滑系统内的油泥、积炭溶解并清理干净，以改善发动机润滑油品质、恢复发动机的性能，提高效率，减少有害气体排放，延长发动机的使用寿命。

清洗方法与过程，见图3–7。

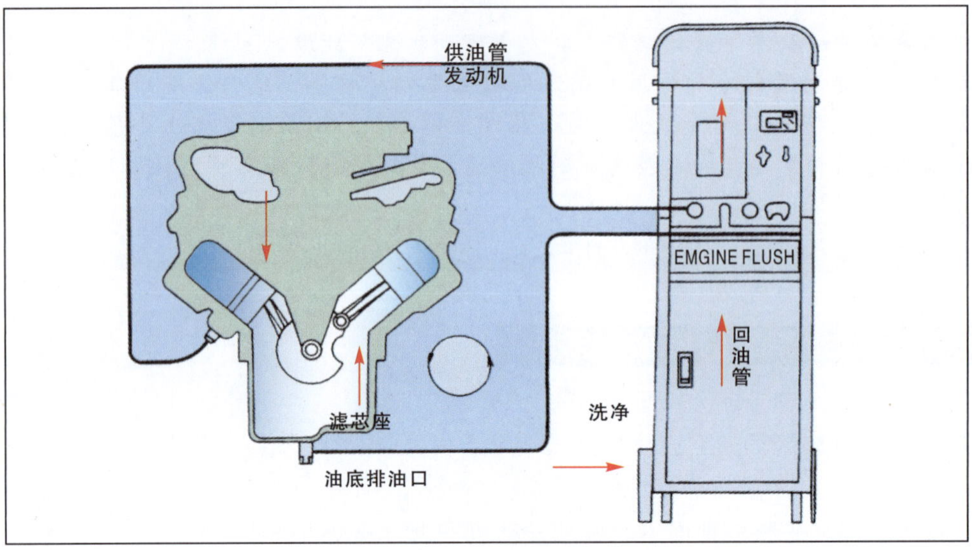

图3-6 清洗机与发动机的连接

清洗汽车进场
↓
排放旧机油
↓
取下机油滤清器
↓
从工具盒中选择相配套专用接头，装入油底壳，螺栓拧紧，再与红色油管相接
↓
从工具盒中选择相配套专用接头，装入机油滤清器底座，螺栓拧紧，再与蓝色油管相接
↓
按电源启动开关，开始清洗约12min
↓
待清洗完成后会有蜂鸣器发出“哔”的声音，这就表示清洗完成
↓
拆下各软管及连接件
↓
锁紧新的机油滤清器及油底壳螺栓
↓
加入新的机油并启动发动机检查是否漏油，再将油尺抽出，检查油量是否足够

图3-7 发动机润滑系统清洗流程

步骤1 清洗液以344.7kPa压力打入机油口。

步骤2 清洗液流经机油系统清除油泥、杂质微粒。

步骤3 溶解的油泥、杂质微粒流至油底壳，由清洗机真空抽出清除。

步骤4 清洗液冲洗掉机油泵及滤网上的金属屑。

3. 机油滤清器的更换

在多尘路段行驶之后，应尽可能更换机油和机油滤清器。

在排放发动机机油之前，应检查发动机机油泄漏。如果发现有泄漏，在着手下述工作之前，应更换损坏件。

机油滤清器的更换方法如下：

步骤1 拧下放油螺栓（见图3-8），排放发动机机油。

步骤2 排放完毕后，擦净放油塞。再装上放油塞，用30N·m的扭矩拧紧。

步骤3 用机油滤清扳手拆下机油滤清器，见图3-9。

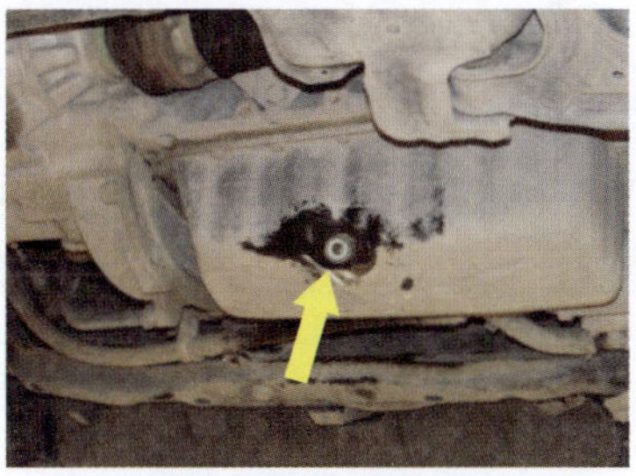

图3-8 放油螺栓

图3-9 拆卸机油滤清器

步骤4 用发动机机油涂抹在新机油滤清器的“O”型密封圈上。

步骤5 用手把新的机油滤清器拧在机油滤清器支座上，直到滤油器“O”型密封圈与安装表面接触，再用机油滤清扳手将其安装，见图3-10。为了恰当的拧紧机油滤清器，注意识别滤清器“O”型密封圈与安装表面初始接触的精确位置。

步骤6 与安装表面接触后，用机油滤清器扳手再把滤清器拧紧3/4转（拧紧扭矩：15N·m）。

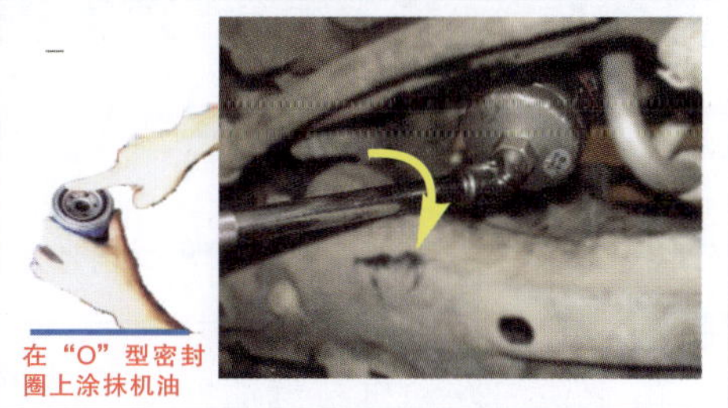

图3-10 安装机油滤清器

注意

滤清器的类型很多，但只有高品质的滤清器才能保证维修质量，所以机油滤清器必须使用纯正品。如果使用不符合规格的机油滤清器，会造成发动机漏油及损坏。特别提醒在更换新品滤清器前必须更换汽缸体上的橡胶垫圈。

二、柴油发动机润滑系统的维护

柴油发动机的润滑方式为压送式，发动机机油用油泵加压后，经散热器和机油滤清器，输送到各摩擦部位进行润滑。

机油更换周期为5 000km，每行驶1 000km应检测机油量，如果发现机油量不足，应及时补充，以免损伤曲轴和凸轮轴等承载零部件。

1. 维护注意事项

维护注意事项如下：

注意事项1

油底壳内的油面必须保持规定的高度。如果机油不够，要按标准添加。

注意事项2

如发现机油油面升高，有水汽混入，应及时查明原因予以排除。

注意事项3

更换机油时，应趁热车放出油底壳和粗、细滤清器中的废机油，再加新机油。

注意事项4

清洗润滑系油道的方法是：待废油放净后，向发动机油底壳内加注薄机油或经滤过的优质柴油，其量相当于油底壳标准油面容量的60%~70%，然后使发动机怠速运转2~3min（或者拆下全部火花塞，用手摇柄转动曲轴3~5min），再将洗涤油放出。按季节要求加入规定牌号的新机油。

注意事项5

运行中，机油压力符合规定，正常运行机油压力一般为0.29～0.39MPa（3~4kg/cm²）。机油压力可通过在限压阀螺塞中心和边缘增加垫片的办法来加以调整。但必须在保修厂进行，并注意其结果。

2. 柴油发动机机油的检查、添加与更换

将车辆停在平坦地面上，在发动机处于工作温度时，关闭发动机后数分钟，让机油汇集到发动机底部。

把机油尺拔出，擦拭干净，再次插到底，再拔出机油尺，在其端部下方放一块布，检查油位是否在机油尺的上限和下限之间。

由于柴油发动机与汽油发动机的机油检测、添加与更换基本一样，故请参考汽油发动机机油的检测、添加与更换。

注意

发动机运转时，不能进行上述作业。

3. 柴油发动机机油滤清器的更换

更换机油滤清器的同时更换发动机机油。

从油底壳上旋下放油螺栓，放出发动机机油，从附件箱上，用专业工具拆下机油滤清器，在安装新机油滤清器时，应先在一密封圈上涂上机油，先用手将机油滤清器拧紧，直至滤清器与底座上的密封垫相接触，然后再用专用工具将机油滤清器旋紧3/4圈（相当于力矩55N·m）。

旋紧放油螺栓，从加油口注入清洗液5.8L（1/3机油和2/3柴油），启动发动机，低速运转3～5min，然后停车放出清洗液。旋紧放油螺栓，从加油口盖处加入机油。最后让发动机低速运转5min，熄火2min后，抽出油标尺，观察液面高度，该高度应在上下限之间，否则应补充机油。

（1）纸质滤清器的更换

新车走合期，因产生磨屑较多，一般行驶里程在1 500～2 000km时，应清洗或更换滤芯。

纸质滤清器一般根据车辆运行时间或里程（6 000～20 000km）进行定期更换。由于全流式和旁流式使用不同的外壳，更换滤芯时要注意滤芯的长短，要分清在外壳上和滤芯上标有“全流式”或“旁流式”的标记，不能装错。

（2）离心式机油滤清器的维护更换

离心式机油滤清器在运转一定时间后，应进行维护，清除转子内壁的沉积物，通常行驶里程在1 500~2 000km时应清洗转子。

清洗离心式机油滤清器，应先拧下螺母，取下垫圈，用橡胶锤轻轻敲打外罩，取下外罩及密封圈，取下弹簧挡圈，拆下紧固螺母，并取下密封垫，用橡胶锤轻轻敲松转子罩，取下转子罩，并取出导流罩及密封圈，拆下弹簧挡圈，取下上轴承及转子体。

用竹片或塑料板刮去转子罩内壁的沉积物，用煤油或柴油清洗转子罩、导流罩及转子体，用直径1.8mm以下的铜丝清除喷嘴孔内的油污（不允许用钢丝）。拧下螺塞，取下垫圈、柱塞阀，清洗进油道及转子轴中的油道，一般不需将转子拆下。

清洗完油道后，按装配关系装复，并用150～200kPa的压缩空气进行开启压力测定，用增减调整垫片的厚度可以调节开启压力。

装配转子总成时，必须注意转子罩与转子体的记号对齐，否则将影响转子运转的平衡。转子总成装于转子轴上后，套上密封垫，拧上紧固螺母。此时，转子总成轴向间隙应为0.4～0.8mm并转动灵活。装外罩时，必须保持密封圈的正确位置，最后拧紧螺母。

转子装配完毕后应进行运转试验，当进油压力为294kPa时，转子转速应不低于550r/min，此时的驱动流量不大于8L/min，限压阀开启压力为147~195kPa。经检验：当发动机熄火后，应能听到转子连续旋转2~3min的旋转声，如果听不到旋转声，应及时检查。

情境二：冷却系统的保养与维护

一、发动机冷却液的排放与添加

应每天检查冷却液，若发现不足，应及时添加。

在发动机处于冷态时检查补偿罐中的冷却液液位。检查冷却液液位在“min”和“max”之间，见图3-11。

当冷却液液位过低时，根据混合比补足缺少的冷却液，推荐混合比见表3-1。

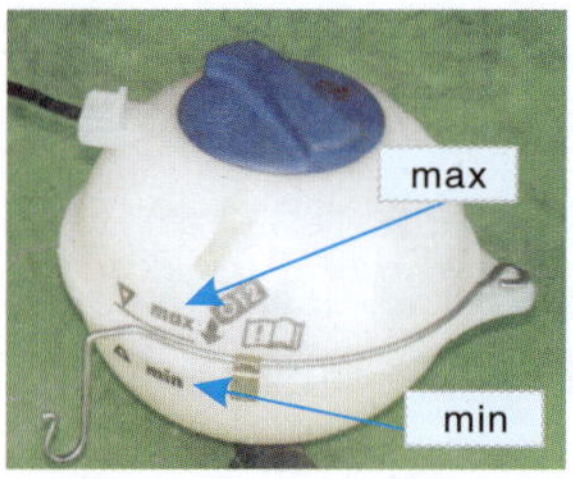

图3-11 检查冷却液液位

表3-1 冷却液推荐混合比

防冻温度至	冷却液添加剂G 12 Plus /TL VW 774 F	水
-25℃	约40%	约60%
-35℃	约50%	约50%
-40℃	约60%	约40%

注意

符合TL VW 774 F的冷却液添加剂G12 Plus可以防止冷冻和腐蚀损坏、结垢，此外可提高沸点温度。因此冷却系统务必全年加注防冻防腐剂。

特别是在热带气候的地区，冷却液的沸点升高有助于发动机高负荷运转时的运行安全。

即使在暖和的季节或暖和的地区也不允许添加水来降低冷却液的浓度。冷却液添加剂所占的比例必须不少于40%。

当发动机和散热器仍发烫时不能卸下散热器盖，以免发生烫伤危险。如果马上卸下散热器盖，蒸汽和热水将在压力作用下喷出。

发动机冷却液的排放与加注方法如下：

步骤1 将车放在平地位置，将冷却液放在容器内。

步骤2 拧下散热器盖，见图3-12。如果发动机温度过高则不要急于将散热器盖打开，以防热水烫伤。检查冷却液质量。

步骤3

将散热器放水开关拧松。如果使用四季通用的防冻液，两年内无需更换。如果采用乙二醇和水配成的防冻液，冬季过后要完全排放干净，并将整个冷却系统冲洗干净，因为仅能在冬季使用。

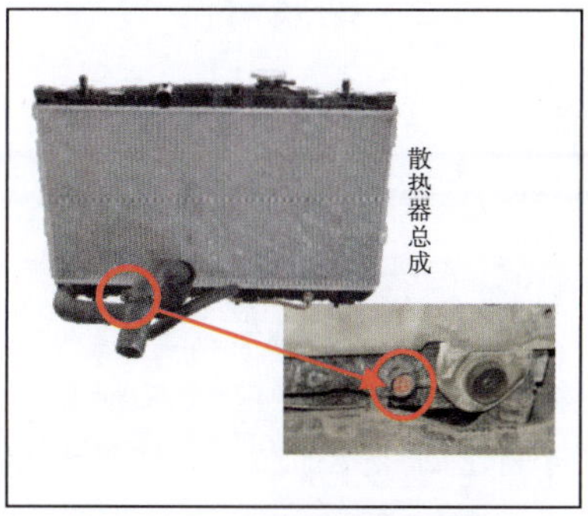

图3-12 冷却液排放螺栓位置

步骤4

将放水开关关好，向冷却系内注满四季通用的冷却液，并按标准加至膨胀箱“FULL”的标记处。约为占膨胀箱容积的2/3。不可加满冷却液，必须留有蒸气的膨胀余地。

步骤5

在加冷却液快满的时候，可将发动机启动2～3min，使冷却水循环，水循环时会把冷却系内的空气排出，并使加水口冷却液面降低，应按标准补足。

当发动机很热时，冷却液的液面会大大的升高。

检查冷却液的液面，必须在发动机冷却的状态下进行。液面过低时应补充冷却液。补充冷却液时，应将冷却液徐徐地注入散热器。

若液面很低，而发动机温度很高时，不要补充冷却液，应等到发动机温度冷却后再进行。

二、冷却系统的清洗

冷却系经过长时间的使用，加用生水或质量不高的防冻液，会在冷却系（散热器、缸体的水套）中产生大量的水垢、铁锈和泥沙，使冷却效果降低。因此，用普通水的冷却系统，每半年须清洗一次。其他使用防冻液的冷却系统，应在更换防冻液或发动机大修时，彻底清洗一次冷却系统。

1. 检查冷却液

在清洗冷却系统时，千万不要在发动机温度很高的状态下打开散热器盖，以免热水喷出烫伤。应让发动机充分冷却后，再用抹布裹着缓慢打开散热器盖，如果散热器内还有残余压力，打开时会听到排气的声音，应注意安全。

如果冷却液不足，应补充开水到溢出为止。尽量避免加生水（添加生水会产生水垢）。如果冷却液变得污浊或充满水垢，应将冷却液全部放掉，并清洗冷却系。

2. 清洗冷却系

（1）简单清洗

洗涤时，应放净旧冷却液，将发动机冷却系加满清洁水（自来水），启动发动机运转5min后放出。放出的水若比较污浊，应重复上述步骤直至水清为止。

（2）彻底清洗

当发动机散热性能不好、发动机冷却系水垢过多时，可使用专用的散热器清洗剂进行清洗。冷却系洗涤步骤如下：

首先，要确保发动机处于冷却状态并熄火。取下散热器盖确保发动机是凉的；打开散热器底部的排放塞，让冷却液流入桶里；关上排放塞并给散热器注水；打开发动机，打开加热器控制系统，添加冷却系统清洁剂，空转发动机30min；关掉发动机冷却5min，将散热器内液体排空；第六，关上排放塞，往散热器注水并让发动机空转5min。然后重新注入冷却液。

在清洗冷却系后，应再次检查散热器冷却液情况。如果发现散热器口有气泡出现，说明冷却系内混有空气。常见的原因是汽缸内的气体进入冷却系，应到维修厂排除故障。

冷却液使用注意事项如下：

注意事项1

冷却液及其添加剂均为有毒物质，切勿接触，并置于安全场所；

注意事项2

冷却液的使用浓度（体积分数）为40%~60%；

注意事项3

放出的冷却液不宜再使用，应严格按有关法规处理废弃的冷却液；

注意事项4

更换缸盖、缸垫、散热器时，必须更换冷却液；

注意事项5

发动机热态时，冷却系内仍处于高温高压状态，此时切勿打开散热器盖以防烫伤；

注意事项6

发现冷却液大量损耗，则必须待发动机处于冷态时，方可添加冷却液，以免损坏发动机；

注意事项7

紧急情况下，若全部加入纯水，在低温地区则须尽快按规定添加冷却液添加剂，使冷却液浓度恢复正常状态以防止结冰造成零件损坏；

注意事项8

冬季来临前应检查一下冷却液浓度，并按规定调配浓度，保证冷却液具有足够的防冻能力。

三、发动机冷却系统的密封性检测

当冷却水量不足时，发动机异常升温。所以在发动机冷却水量减少时，应按如下方法检查漏水情况及漏水部位。

步骤1 启动发动机暖机至冷却水温度达到正常温度为止。

步骤2 打开贮水箱盖，加水至溢出加水口为止，见图3-13。

步骤3 连接压力计。

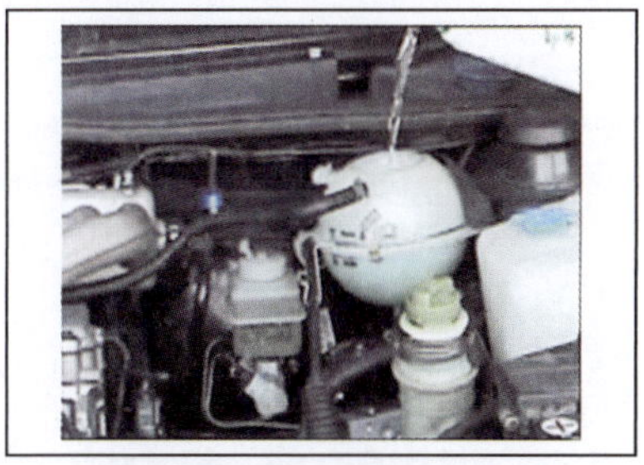

图3-13 冷却系统注满水

注意

①因为水箱内温度很高，必须缓慢地打开水箱盖，以防热水喷溅而受伤。

②应擦干要检查部位的水迹。

③在卸下试验器时不得沾湿。

④在安装试验器或进行试验时，要格外小心，以免损伤水箱口。

步骤4 用手动泵加压（见图3-14）至1.4×10^5Pa，此时如果冷却系统无渗漏，压力计指针将无变化；如果系统存在渗漏，则压力计的压力指示将下降。也就是说各冷却装置的导管、散热器、水泵、汽缸垫等处可能存在泄漏，应及时修理或必要时换成新件。

图3-14 冷却系统加压检漏

情境三：进、排气系统的维护

一、进气系统的维护

1. 空气滤清器的维护

现今轿车多采用纸质滤芯的空气滤清器，见图3–15。纸质滤芯滤清效率高，灰尘的透过率仅有0.1%~0.4%。使用纸质空气滤清器能减轻汽缸和活塞的磨损，延长发动机使用寿命。空气滤清器使用4 000~8 000km应进行除尘，通常在使用2 000~25 000km时应更换滤芯和密封圈，滤清器在维护时应注意以下几点：

图3–15 空气滤清器滤芯

（1）定期清洁和更换滤芯

在使用中应按汽车维护规定经常清洁空气滤清器集尘室和滤芯（见图3–16），以免滤芯上粘附灰尘过多而增大进气阻力，降低发动机功率，增加耗油量。按厂家规定的更换周期更换滤芯，如滤芯破损应及时更换，一般5 000km应清洁一次滤芯；20 000km应更换滤芯。

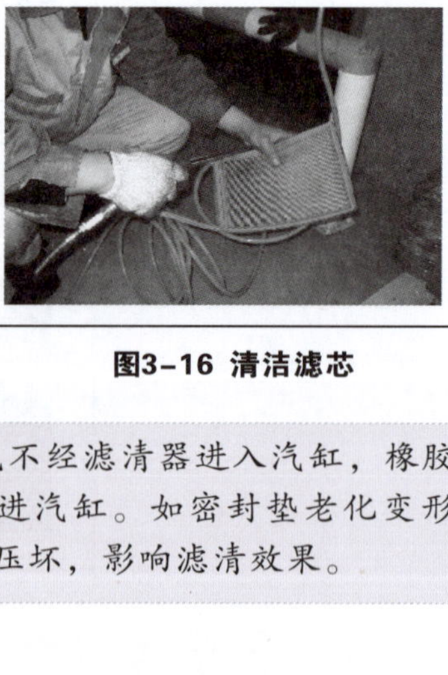

图3–16 清洁滤芯

（2）正确安装

检查维护时，滤芯上的密封垫必须正确安装在原位，以防止空气不经滤清器进入汽缸，橡胶密封垫圈易脱落、老化变形，空气易从密封垫缝隙流过，把大量灰尘带进汽缸。如密封垫老化变形、断裂，应换新的。纸滤芯抗压能力低，不能装得过紧，否则易把纸滤芯压坏，影响滤清效果。

（3）滤芯的选择

一般可从外包装和外观上识别优质（见图3–17）与劣质滤芯。也可在安装后检验，如装上新滤芯后，车辆排放的一氧化碳超标，不装滤芯时排放一氧化碳达标，说明该滤芯透气性差，该滤芯不合格。

（4）纸质滤芯的特点及清洁方法

这种滤芯采用微孔滤纸，表面经过树脂处理，在发动机工作时，滤芯周围会粘附着一层灰尘，清洁时不能用水或油，以防止油水浸染滤芯。常用的清洁方法有以下两种：

图3-17 优质滤芯

一种是轻拍法，即将滤芯从壳中取出，轻轻拍打纸滤芯端面，使灰尘脱落。但不得敲打滤芯外表面，防止损坏滤纸，降低滤清效果；

另一种是吹洗法，即用压缩空气从滤芯内部向外吹，将灰尘吹净，见图3-17。但压缩空气压力不得过大，一般不超过294~600kPa，以防止损坏滤芯。

空气滤清器的拆卸步骤如下：

步骤1 拆下滤清器盖夹子。

步骤2 用抹布擦干净空气滤清器盖内部。

步骤3 更换空气滤清器。

步骤4 安装时按拆卸的相反顺序进行。

注意

更换空气滤清器滤芯时，应使用正品件，避免使用不符合规格的空气滤清器导致发动机内部及传感器发生故障。

经常检查滤清器并根据其状态进行清洁或更换。因为发动机内部吸入少量的灰尘，也会加快磨损发动机，缩短使用寿命。

①检查并确认滤清器和滤清器罩垫的损坏程度，盖好空气滤清器盖，防止灰尘进入。

②检查及维修空气滤清器时，要避免空气滤清器受到冲击或进入灰尘及异物。

③分离空气滤清器时，防止灰尘或杂物进到吸气口。

拆卸空气滤清器后启动发动机可能会着火。

2. 节气门体的维护

车辆每行驶30 000~40 000km清洗一次节气门或怠速稳定阀。

电喷汽油发动机使用一定的里程后在节气门（见图3-18）或怠速稳定阀处的表面会积累很多油泥，出现怠速不稳，特别是在打开空调、前照灯时更加明显，严重的时候行走过程中可能会出现熄火的现象。

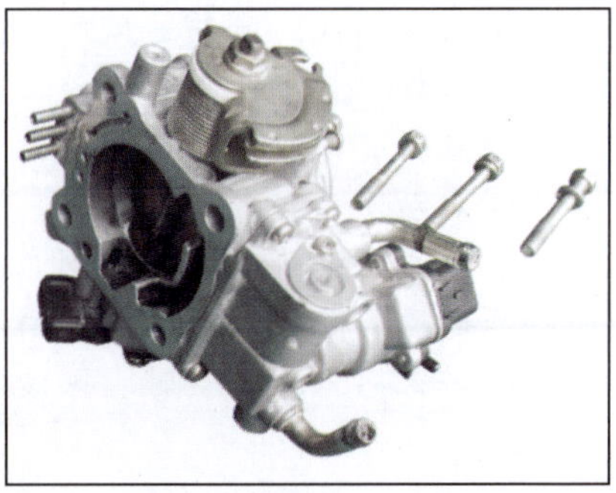

图3-18 节气门体总成

主要原因是由于发动机的曲轴箱内废气（含有油质）都要经过节气门或怠速稳定阀后才能进入进气歧管，然后进去汽缸被燃烧掉；同时，经过空气滤清器后，空气中仍然含有少量的细微颗粒物，这部分的颗粒物在经过节气门或怠速稳定阀时，极易和曲轴箱来的废气中的蒸气结合，附着在节气门或怠速稳定阀的表面，随着发动机的工作时间越长，积累得脏物越来越多，到一定的程度时就会直接影响到怠速，导致怠速不稳，同时也会增加油耗。

除了出现怠速不稳时需要清洗接节气门或怠速稳定阀外，未出现故障前也可以同正常维护一样，采取定期清洗，如果所在的使用环境比较恶劣，尘土较多，建议每20 000km清洗一次；使用环境比较清洁的地区，可以每30 000～40 000km清洗一次。

节气门体的清洗步骤如下：

图3-19 拆卸节气门体

步骤1 将发动机暖机后熄火。拆卸节气门体（见图3-19），检查节气门体表面有无损伤。

步骤2 堵住节气门体旁通道的进气侧，不要让清洗剂进入到旁通道内。

步骤3 把节气门阀体浸泡在清洗剂内5min。

步骤4 启动发动机使发动机怠速状态下运转1min。

步骤5 拆卸空气旁通道口。

步骤6 安装空气管。

步骤7 拆开蓄电池负极搭铁线10s后连接。

步骤8 调整转速调整螺钉。

二、排气系统的维护

1. 曲轴箱通风装置的维护

曲轴箱通风装置的连接软管要定期检查，看其是否老化或产生裂纹，否则，应在紧固连接处更换软管。二级维护时要使用煤油彻底清洗PCV阀及油气分离器或更换滤芯，确保发动机通风顺畅，工作正常。

在曲轴箱通风的管路上装有单向阀，也就我们通常说的PCV阀。它在更新曲轴箱内气体和降低机油消耗量方面有重要作用。

（1）强制式曲轴箱通风系统检查

①从强制式曲轴箱通风阀（PCV阀）上拆下通气软管，见图3-20和图3-21。
②从摇臂盖上拆下曲轴箱通风阀。
③重新将曲轴箱通风阀与拆下的通气软管连接。
④启动发动机，怠速运转。
⑤将手指压在曲轴箱通风阀开口，感觉进气歧管真空度（手指是是否受到吸引作用）。注意此时曲轴箱通风阀的柱塞会前后移动。
⑥若未感觉到真空时，则清洁或更换曲轴箱通风阀。

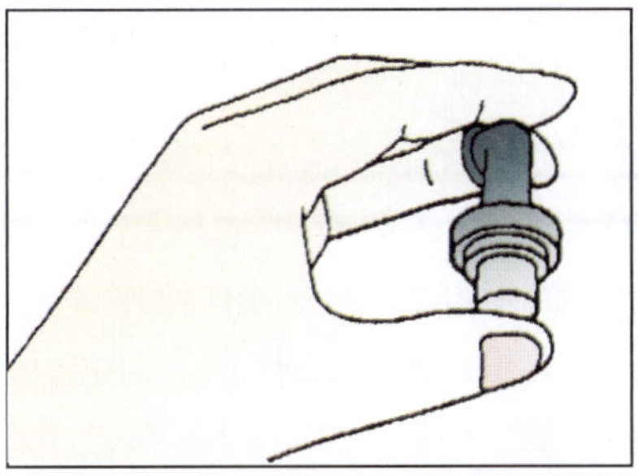

图3-20 强制式曲轴箱通风阀

图3-21 发动机PVC阀位置图

（2）强制式曲轴箱通风阀（PCV阀）的检查

①如图3-22所示（从摇臂盖安装侧）的位置插入细棒到PCV阀，前后移动细棒以检查柱塞的移动状况。

②若柱塞未移动，说明PCV阀有阻塞，须清洁或更换PCV阀。

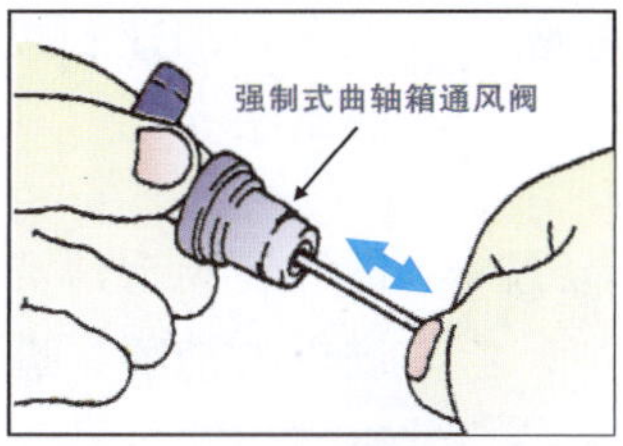

图3-22 强制式曲轴箱通风阀

2. 三元催化器的维护

三元催化器（见图3-23）是把排气中对大气有害的CO和氮的氧化物等废气转化为对大气无害的CO_2，水、氮气等物质，从而达到排放法规要求的重要部件，必须注意以下事项，否则可能导致催化器过热损坏，净化功能因过负荷而急剧下降，引起环境污染，甚至有引起火灾的危险。

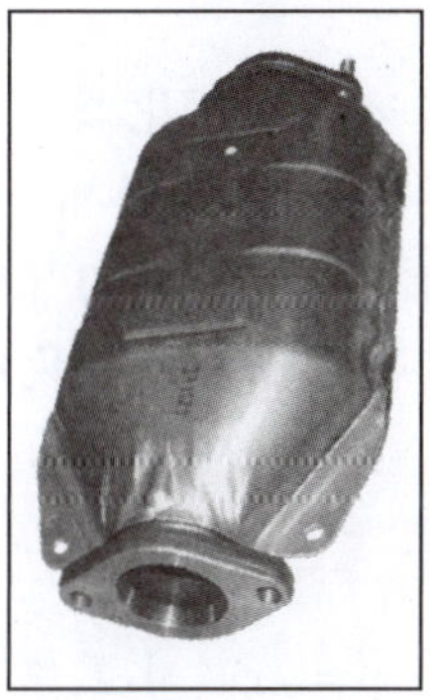

图3-23 三元催化器

①如果使用有铅汽油，则缩短催化转换器使用寿命。

②使发动机始终保持最佳理论空燃比状态。若发动机因燃料装置、点火装置、电器装置等原因使发动机混合气过浓或过稀，则会导致催化器过热甚至失效。

三元催化器堵塞（见图3-24）是很普遍的问题，特别是道路拥堵、燃油品质较差的地区。三元催化器堵塞不仅造成车辆油耗增加、动力下降、尾气超标，更严重的能让排气管烧红，造成车辆自燃。

图3-24 三元催化器堵塞

一直以来，三元催化器堵塞一直没有有效的预防手段和治理办法，堵塞的三元催化器只能采取更换方式，这样既浪费资源，又增加用户的负担。一些修理厂甚至不负责任地将三元催化器内的载体除掉，造成对环境更严重的污染。

三元催化器堵塞的内因：

内因1 三元催化器载体上贵金属催化剂对硫、磷、一氧化碳、未完全燃烧物、铅、锰等分子有强烈吸附作用，很容易形成成分复杂的化学络合物。

内因2 同时贵金属催化剂强烈的氧化催化作用，使吸附的不完全燃烧物更容易氧化、缩聚、聚合形成胶质积炭，造成三元催化器堵塞。

三元催化器堵塞的外因：

燃油

含硫量高的燃油容易形成化学络合物造成堵塞，使用含铅或含锰抗爆剂、油质差、胶质多的汽油容易堵塞三元催化器。我国已严禁使用有铅汽油，但有些地区仍在违法使用含铅抗爆剂。发达国家已禁止使用含锰抗爆剂的汽油，但我国部分地区仍有使用。乙醇汽油在燃烧室容易形成积炭，同时又对进气系统、燃烧系统胶质积炭有冲洗作用，冲洗下来的胶质积炭很容易堵塞三元催化器。

机油

长期使用含硫、磷抗氧化剂的机油容易造成三元催化器堵塞。

道路

汽车在加速、减速状况下产生不完全燃烧物最多，长期在拥堵道路上行驶容易造成三元催化器堵塞。

喷油嘴

进气道免拆清洗养护：清洗过程中冲洗下来大量胶质积炭造成三元催化器堵塞，这也是车辆进行喷油嘴、进气道免拆清洗养护后油耗增加的原因。

注意

带涡轮增压器的车辆容易发生三元催化器堵塞，这主要是由于驾驶员不正确操作造成的。

三元催化器堵塞是逐步形成的，堵塞过程是可逆的。堵塞可通过化学过程如氧化和气化等化学反应而减少，也可以通过解吸、挥发组分和气相组分蒸发等物理过程而减少，见图3-25。

图3-25 三元催化器清洗后状态

根据三元催化器堵塞程度的不同可分为三个阶段：

阶段一，轻微堵塞阶段

此阶段化学络合物吸附在催化剂表面上，表现为尾气净化功能降低、尾气排放超标。

阶段二，中度堵塞

化学络合物已在催化剂表面累积到一定程度，主要表现为排气背压升高、油耗增加、动力下降。

阶段三，严重堵塞

由于堵塞严重，三元催化器工作温度升高，在三元催化器前端形成高温烧结堵塞。高温烧结堵塞又分两种：一为金属烧结堵塞，二为积炭烧结结焦堵塞。它是由燃油中使用含铅、含锰抗爆剂造成的，此阶段主要表现为动力严重下降、频繁熄火，严重时排气管烧红，可引发车辆自燃。

三元催化器为一次性使用部件，不需要进行维修。当其中毒或内部龟裂堵塞时需立即更换新件，安装完毕还需启动检查排气系统管路是否存在泄漏（特别注意检查三元催化器进气口处是否泄漏）。

过去由于没有预防三元失效和重新恢复三元活性的养护产品和方法，只能任由其中毒失效，而失效的三元净化器也只能采取更换的办法，这就增加了客户经济负担。

“三元常规清洗养护”能将喷油嘴积炭、进气系统沉积物、三元表面化学络合物同时清除掉。养护后能重新激活三元净化功能，大幅降低汽车尾气排放，恢复汽车原有动力，对于预防三元失效和重新恢复三元活性提供了有效方法。

3. 排气管的维护

应定期清除排气管（见图3-26）内部的积炭和胶质。清除方法可用钢丝刷或钝口刮刀刮除，再用压缩空气吹干净。

检查排气管裂纹、缺口等，如有应焊修。检查排气管与汽缸盖接合表面的变形情况，不平度不得超过0.10mm，否则应予修磨。

排气管拆装与检修要点如下：

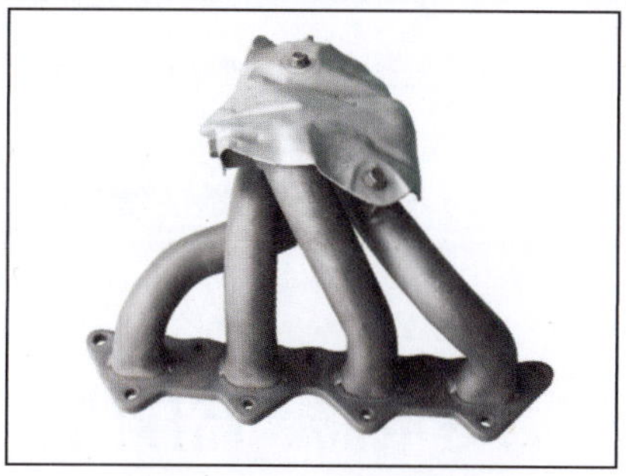

图3-26 排气管总成

步骤1 拆卸防护罩。

注意

当排放系统还热的时候不能与之接触，以免烫伤，排放系统的任何维护工作都要在其冷却后着手进行。

步骤2 拆卸排气歧管。

步骤3 拆卸排气歧管衬垫。

步骤4 检查排气歧管有无裂纹和损伤。用直尺和千分尺测量接触面平面度。规定值：小于0.15mm；极限值：0.30mm。

步骤5 安装衬垫和排气歧管，拧紧螺栓力矩（25～30N·m）。

步骤6 安装防护罩。

情境四：点火系统的维护

一、分电器、高压线、点火线圈、火花塞的保养

1. 分电器的保养与维护

分电器盖、分火头应保持清洁干燥，否则可用汽油将其表面污物清除干净，待汽油挥发后即可装复使用。如果发现其高压接触面堆积有大量氧化物可用细砂纸将其打磨清除，当发现其外壳有龟裂现象时必须更换新件。分电器各部件见图3–27。

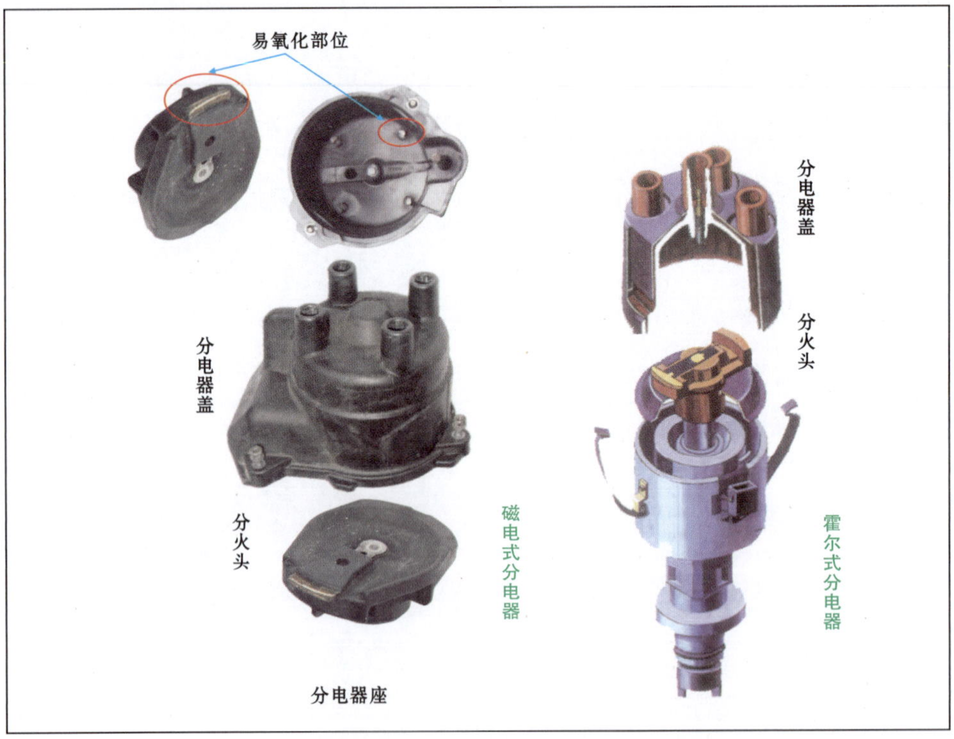

图3–27　分电器各部件示意图

2. 高压导线的保养与维护

从火花塞上脱开高压线时应捏住橡胶护套，小心地从火花塞上拆下高压线。注意：不要抽拉或弯曲高压线，以避免损坏内部的导线。

目视检查高压线表面有无龟裂、破损，如有则需更换所有高压线。用欧姆表测量高压线电阻，见图3-28。高压线最大电阻：25KΩ（每根高压线）如果电阻大于最大值，则更换所有高压线。

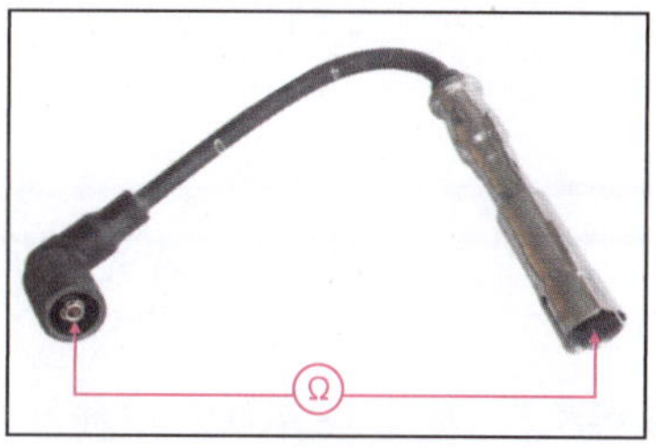

图3-28 用欧姆表测量高压线电阻

3. 点火线圈的检测与维护

用欧姆表测量点火线圈的初级及次级线圈电阻,见图3-29。若测量结果不符合标准值，则应更换点火线圈。

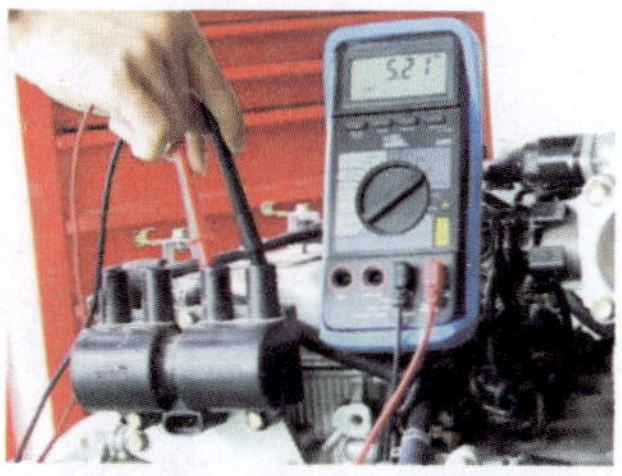

图3-29 同时点火式点火线圈次级绕组电阻的测量

4. 火花塞的检测与维护

火花塞的检测步骤如下：

步骤1 用气枪除去火花塞周围汽缸盖上的灰尘，见图3-30。

步骤2 断开火花塞上的高压线并取出高压线圈，见图3-31。注意只能用力拉火花塞盖。

图3-30 除去灰尘

图3-31 拆下高压线

步骤3 使用专用工具，拧松火花塞并拆下火花塞，见图3-32。

步骤4 用塞尺检查火花塞电极间隙，见图3-33。如果间隙过大或过小应调整，火花塞电极烧蚀严重应进入下一步。

图3-32 拆下火花塞

图3-33 火花塞间隙检查

步骤5 安装新火花塞，见图3-34。

注意

确保使用规定受热程度和尺寸的新火花塞。

步骤6 接上火花塞高压线，接线时注意不能推高压线，只能推保护罩，见图3-35。

图3-34 安装火花塞

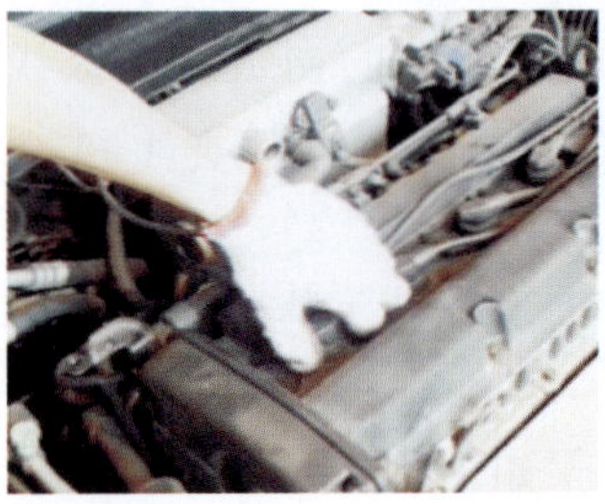

图3-35 连接高压线

二、电子控制点火正时的维护

发动机电子控制点火系点火提前角的控制情况及点火正时的调整与传统点火系差别很大。点火正时受ECU控制，ECU能根据爆燃传感器信号、氧传感器信号、水温传感器信号及空调、鼓风机等信号进行点火正时控制，因此检查电子控制点火系点火正时，需要给电控单元施加一个信号（如雷克萨斯400需要短接诊断接口的TE1和E1端子，见图3-37），且应在前照灯、鼓风机风扇、后窗除雾器和空调都不工作的无负荷条件下检查，自动变速器的车辆还应使自动变速器处于P或N档位。这样电控单元才能把点火提前角控制在基本点火提前角。电子控制点火系点火正时分为可调整与不可调整两种形式，且不同发动机点火正时不同，因此检查电子控制点火系点火正时一定要参照相应的维修手册进行。下面以丰田汽车常用的IUZ~FE型发动机和ZTZ发动机来举例说明。

1. 点火正时的检查

点火正时的检查步骤如下：

步骤1 启动发动机并暖机到正常工作温度。

步骤2 使发动机转速保持在怠速转速（650r/min ± 50r/min）。

步骤3 用诊断线（SST）跨接检查连接器（DLC1）的端子TE1和E1（送给电控单元一个触发信号），见图3-36。

步骤4 将正时灯接到6号高压线上。用正时灯检查点火提前角，怠速时应为上止点前8° ~ 12°，见图3-37。

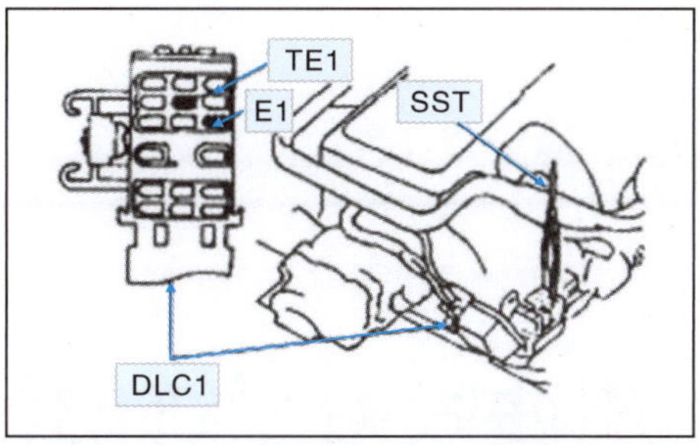

图3-36 用SST跨接DLC1的端子TE1和E1

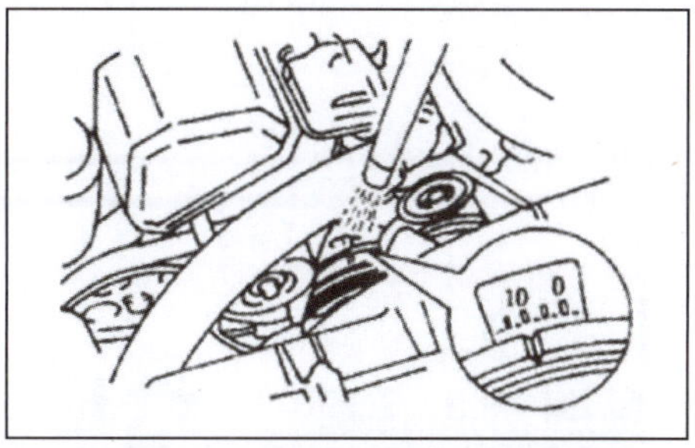

图3-37 用正时灯检查点火提前角

2. 点火正时的调整

IUZ-FE型发动机的点火正时不可调整。如果点火正时不正确，说明其他部件有故障，应检查分电器、点火器、水温传感器、曲轴位置传感器、凸轮轴位置传感器和ECU等部件。

TZ型发动机点火正时的检查与调整步骤如下：

步骤1 如图3-38所示，将转速表测试笔连接到DLC1的端子IG上。

注意

不允许转速表测试笔接地，否则将损坏点火器或线圈，有些转速表与这种点火系统不匹配，建议在使用之前要确认所用转速表的匹配性。

步骤2 让发动机先以每分钟1 300转的转速运转5min，使其温度达到正常，再降到怠速转速（750r/min ± 50r/min）。

步骤3 用SST短接DLC1的端子TE1和E1。

步骤4 使用正时灯，检查正时带上的正时标记是否与曲轴传动带轮上的标记对齐。2TZ发动机的点火提前角为5°，见图3-39。

2TZ发动机点火正时是可调的。如果点火提前角与规定值不相符，则松开分电器固定螺钉，转动分电器将点火提前角调到规定值。

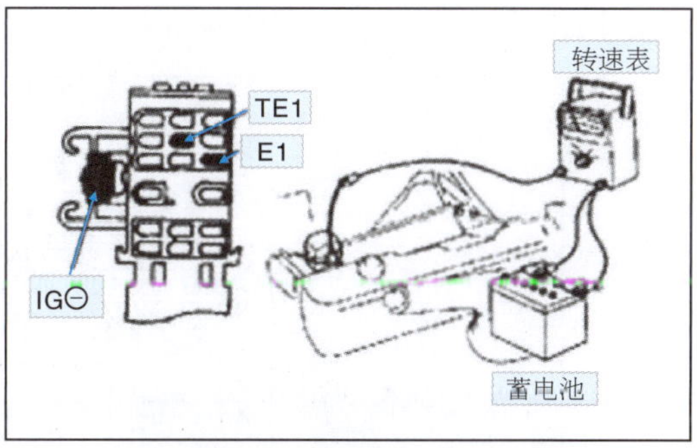

图3-38 连接DLC1的端子TE1和E1

图3-39 用正时灯检查点火正时

情境五：燃油喷射系统的维护

一、汽油喷射系统

1. 燃油系统的清洁及燃油泵的更换

在很多实际的维修案例表明，导致燃油泵过早发生故障的主要原因与燃油系统的清洁程度有关。由于燃油系统中出现了像尘土、铁锈或水垢之类的燃油污染物进入燃油泵中造成损坏。要使新的燃油泵延长其适用寿命，就必须彻底清洁汽车燃油系统（见图3-40）所有部件，是那种从头到尾的清洁，并且定期检查和清洗系统管路及部件。

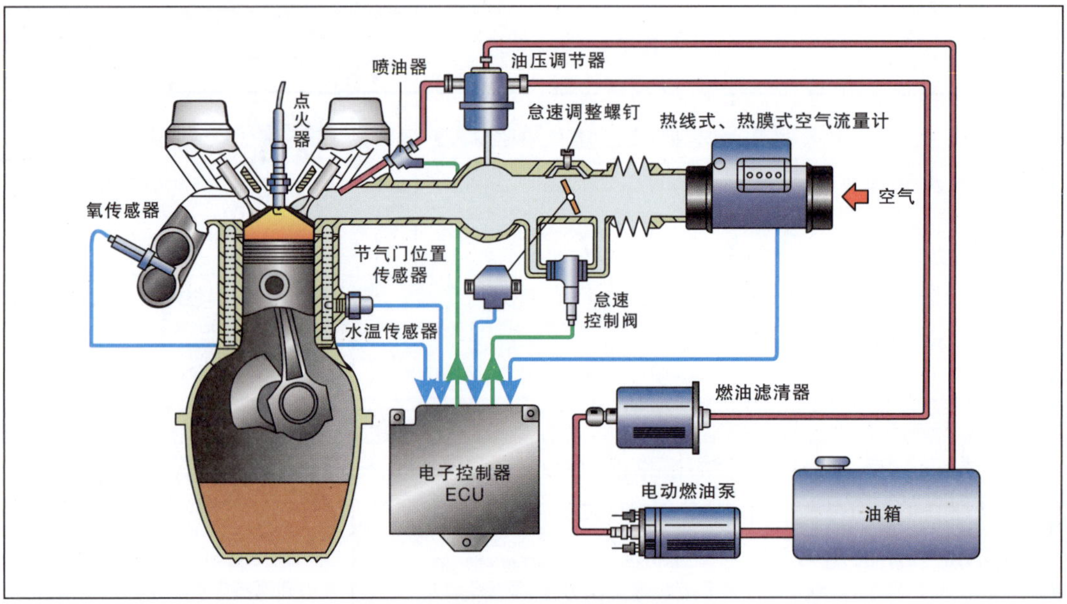

图3-40 电控燃油喷射系统图

检查和清洁燃油系统，我们可以利用一个比较安全的方式进行。开始前，先冷却汽车，待冷却到一定温度时再打开燃油系统，之前要先释放燃油压力。燃油压力释放方法：运行发动机直到拆下燃油泵保险丝后发动机停止转动为止。这样做可避免打开软管附件时有高压油喷射出来，要注意，喷射出来的高压油会导致起火或人员受伤。发动机停止转动后，关掉点火系统并断开蓄电池的负极接线柱。

清理燃油系统的污染物时，要在车辆附近放一个灭火器，并且在工作场地附近严禁烟火。同时用一个排气风扇给维修场地通风，避免在工作场地出现火柴、打火机和火把等明火。因为泄露的液体燃油可能会燃烧，而燃油蒸汽则可能还会发生爆炸。所以一旦发现有燃油溢出，请立即将溢出的燃油清理掉，并且妥当处置吸入了燃油的抹布和吸收剂，以进一步降低发生火灾的危险。

清理燃油系统的污染物时，不能使用白炽灯，而是使用带有防护罩的荧光吊灯。为使荧光吊灯的工作电流不超过其额定电流，荧光吊灯的电路应具有最大熔断电流为20A的保险丝。

现在就可以安全地进行清理燃油系统污染物的工作了，其步骤如下：

步骤1 清除油箱顶部所有积聚的道路灰尘和污垢，特别要注意清除掉油箱加油口盖顶部区域的尘土，见图3-41。可以利用低压压缩空气来进行上述清理工作。

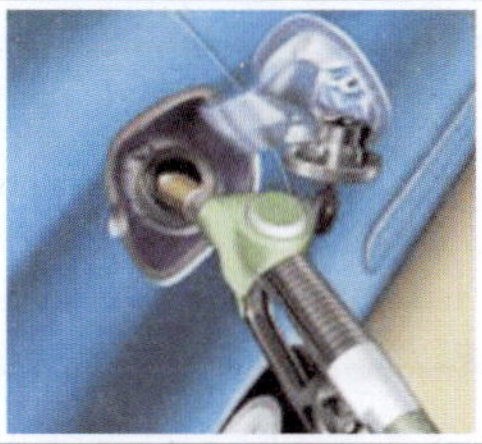

图3-41 油箱加油口盖

步骤2 拆下连接燃油泵总成与油箱的燃油软管之后，用盖盖住进油管以避免将灰尘吹入油箱。

步骤3 在清理油箱加油口时，也要清理油箱的加油管。

步骤4 拆下燃油泵/输油单元之后，则检查燃油过滤网是否有锈污、灰尘堵塞或水污泥。电动燃油泵总成，见图3-42。

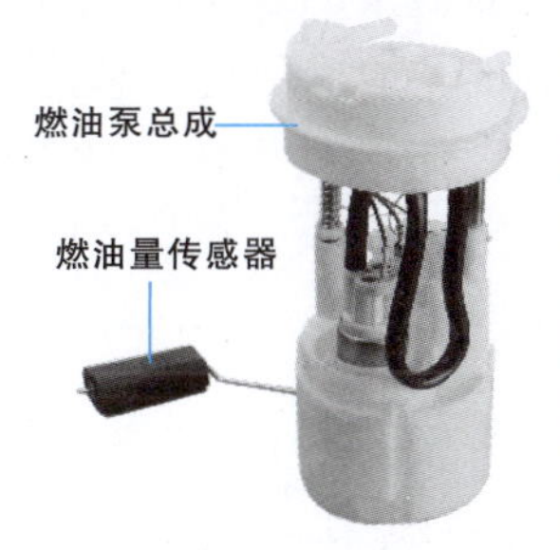

图3-42 电动燃油泵总成

有些燃油的酒精含量高达10%，而这些酒精会吸附能够积聚在油箱中的水。仔细地检查油箱的内部，因为那里是新燃油泵要安装的地方。如果在油箱里发现了上面提到的任何污染物，那么在安装新燃油泵之前必须将其从油箱中清除干净，然后再冲洗并干燥油箱。如果油箱的内部生了锈，就必须把锈清理掉，并密封好油箱的内表面。

步骤5 如果上述清理与维修油箱的工作费用太高，那么就更换油箱。

步骤6 如果燃油泵是燃油泵总成的一部分，因此要保持工作台的清洁。同时，要确保你的手保持干净，并在拆卸燃油泵期间没有在手上沾上任何污染物。

注意

要一直将更换的新燃油泵放置于它的原包装箱内，当你准备安装燃油泵时再将其从包装箱中取出。在将燃油泵安装到托架上时，要确保在燃油泵的进油口和出油口的接头上有密封盖。即使旧的燃油滤网看起来没有什么质量问题也要将其更换掉。如果旧的燃油滤网还在工作的话，那么它肯定已经积聚了大量的污染物。确保止动夹安装在燃油泵进油口处，这样可以防止被污染的燃油绕过滤网而进入燃油泵。

任何时候拆下锁环后，都必须更换油箱密封垫。将油箱重新安装在汽车上时，要防止油箱的加油管口、进油口和出油口碰到脏东西。在你准备重新连接管路或软管之前，要用车间毛巾塞住任何暴露于空气中的油箱开口，用胶布将各个接头缠住。当你重新安装油箱时，车上的灰尘和碎屑等会被敲打下来，请注意不要让它们污染了新更换的燃油泵。

在安装燃油泵期间，需要更换任何燃油软管时，不要在高压燃油喷射系统里使用标准的低压燃油软管，而要使用标有SAE R-7或更高级的高压燃油软管，见图3-43。

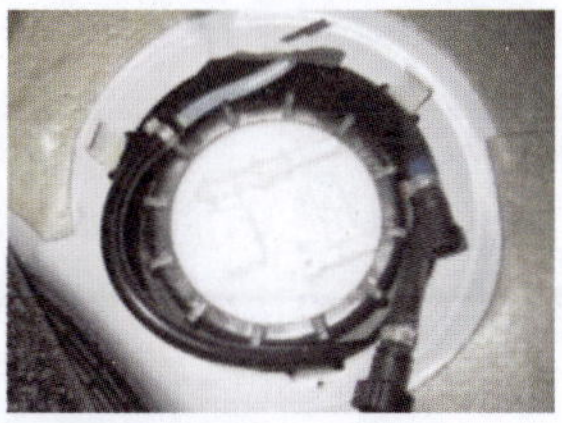

图3-43 燃油管的安装

如果燃油泵电路设置了油压安全开关，还要检查该开关是否正常，如果开关有问题，就将其更换掉。

作为最后的一项工作，在将清理维修好的汽车交回你的客户之前，请再检查一下燃油系统是否存在泄露的现象。

2. 油路清洗

多点燃油喷射发动机得到广泛的普及，随着使用里程的增加，在中、高档乘用车上对电喷发动机燃油系统和进气系统进行免拆清洗也日益增多。

免拆清洗属于养护范畴，随着我国汽车维修市场逐步与国际接轨，养护代替修理的理念深入人心，而从国外引进的或自行开发的免拆清洗的设备或技术已大批进入了汽车维修市场。使得广大汽车维修企业进行免拆清洗有了实行的可能和必要。

免拆清洗主要是清洗进气门头-颈部形成的较大块、多孔的积炭，此外还清洗喷油器（见图3-44）中和进气歧管壁处的胶质沉积物以及活塞、活塞环槽及排气门处的积炭。其中进气门处的积炭和喷油器中的胶质沉积对发动机性能影响最大，会使发动机冷车启动困难、加速不良、怠速不稳。但在发动机结构日益复杂和精确的今天，如果进行传统的拆卸维修的话，很容易会在拆装上出现毛病，使用免拆清洗，可以迅速、可靠、无损地改善或恢复发动机的工作性能。

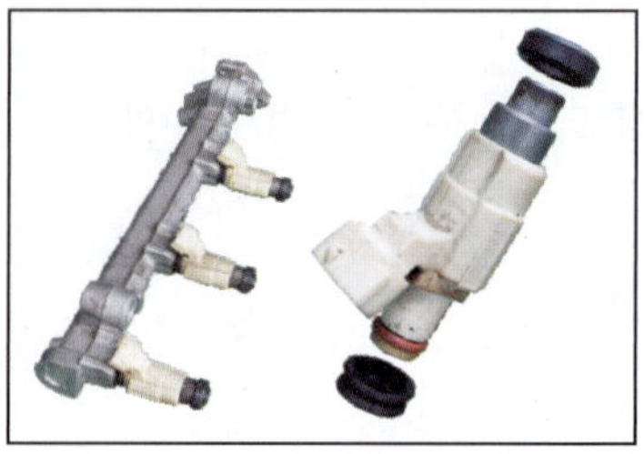

图3-44 燃油分配器和喷油器总成

进气门头-颈部形成较大块、多孔的积炭的原因

由于喷油器正对着进气门头-颈部喷射，汽油中的胶质物和其他不挥发物易于在此沉积，而进气门头-颈部高达300℃左右的高温环境又促进了沉积和积炭的多孔化，而多孔状的积炭又容易吸附汽油而形成更多的积炭。当汽油品质不佳或不含电喷发动机汽油清净剂时，这种多孔积炭形成更快；当发动机长时间在中、小负荷工作时，也会促进多孔积炭的形成。

进气门头-颈部的积炭的危害如下：

危害1:

由于积炭减小了进气通道，从而导致高速和加速时汽缸进气量减少，降低了发动机充气系数，造成发动机功率下降、汽车加速不良。

危害2:

降低了发动机工况转换的灵敏度。例如冷机启动困难，就往往是由于喷油器所喷出的燃油被进气门上多孔积炭吸收，造成实际进入汽缸的混合气过稀，而使发动机难于启动。只有在喷油器多次喷油而使进气门上多孔积炭吸附的汽油饱和，混合气达到了冷启动要求的浓度时，发动机方可启动。而当发动机从加速回到怠速时，由于进气门上多孔焦状物所吸附的汽油蒸气又会不断释放和吸收，会造成怠速短暂地不稳。

危害3:

当进气门头-颈部上的积炭落入进气门座的接触通道上时，会造成汽缸压力不足而难于启动。

危害4:

当进气门杆上也附着有积炭时，有时会使气门杆与导管间发卡，造成气门不能及时关闭，导致活塞撞击进气门、发动机异响，从而导致进气门和活塞的损坏。

喷油器中胶质沉淀物的危害

喷油器中胶质沉淀物会使喷油孔实际通过面积减少，电脑为保证合适的混合比，只有延长喷射时间，这就使λ调节（燃油修正）值变大。凡是未加速时λ调节（加浓）值过大的，在加速时加浓效果就会变差，导致加速不良。

有些发动机燃油系统和进气系统进行免拆清洗后效果很好，有些却效果不明显。很显然，清洗后若故障依旧，操作性、动力性依然不好的话，车主是不愿付此项费用或今后不再来此清洗及修车的。相反，清洗后，若故障消失、动力性明显增强后，则会使车主主动要求定期来清洗。

发动机燃油系统和进气系统要进行免拆清洗的主要依据如下（这对于初次清洗或修理厂要求清洗的车辆尤为重要）：

依据1

突然因汽缸压力低而导致不启动或启动困难，且怀疑是由于积碳落在进气门与气门座圈之间。

依据2

冷车启动困难、加速不良，从其他转速回到怠速时常有短时不稳；

依据3

氧传感器电压在0.10～0.95V间，且变化较慢（好的发动机常在0.3～0.7V间变化），燃油修正；

依据4

常用中、低负荷（市区行驶）的车，已行驶20 000～40 000km，当然用了劣质汽油的车可能几千公里就需清洗了。

以上各项中，“依据3”中的指标最重要，也最直观，用故障诊断仪可以从测量数据块（保持帧）中迅速读出。

从氧传感器电压变化和燃油修正值上可确定燃油系统和进气系统需要清洗的原因：

如果喷油器针阀出油口处有积炭，造成部分堵塞，导致实际喷油量减少；那么发动机电脑就会延长喷射时间，从测量数据块中读到的是λ调节值增加，例如19%。但是这一λ调节值虽为正（增加喷油时间），但混合气浓度仍是λ等于1.00。发动机电脑在出厂标定时：加速时为开环控制、提供空燃比为12.0:1的浓混合气，相当于λ值0.81。如果在匀速运转时，λ值节值已达19%，那么在加速时，喷油时间就延长得较少，实际进入汽缸的混合气仍是λ等于1.00的标准混合气，而不是加浓的混合气，所以加速就不良。

进气门处无积炭或积炭较少的发动机，喷射到进气门处的雾状燃油能同步进入燃烧室。发动机电脑对λ（空燃比）的调节，总是绕着λ等于1.00（相当于空燃比14.7:1）来进行的，例如每调一步为加浓0.03（喷射时间增加）和减稀0.03，如果一步就可调节完成，氧传感器电压就在0.3～0.7V间变动，而且变化频率较快。如果要调三步、四步后才能由λ大于1变为λ小于1。那么氧传感器电压就在0.10～0.95V间变动，而且变化频率较慢。这是因为进气门处积炭较多时，由于积炭有吸附加浓的燃油或释放出过多燃油的特性，λ调节就变慢了，要分三、四步才能完成。也就是说，由于喷油器喷出的汽油失喷到了积炭上，积炭吸附后再释放出，需要时间，也就导致加速不良和冷启动困难。

目前市场上免拆清洗装置及清洗液种类很多，但都有一定的同质化，几种名牌清洗液效果都较好，而且对氧传感器等机件都无损坏。就清洗方式而言，一般有以下3种：

种类1 代替燃油泵和燃油箱供清洗液来运转发动机燃油喷射/进气系统清洗剂；

种类2 作燃油清洗剂加入燃油箱中燃油清洗添加剂；

种类3 在发动机运转时，由真空软管吸入进气歧管中节气门/进气门清洗剂。

3. 燃油滤清器、油箱盖的养护

（1）燃油滤清器的养护

不同车辆的燃油滤清器的更换周期是不同的，这主要取决于燃油滤清器的类型。如果是外置型燃油滤清器，一般建议每行驶30 000～60 000英里（1英里=1.61千米）更换一次燃油滤清器；如果燃油滤清器是置于油箱内部的，那么一般可将其看作终生免维护零件。

在我们更换燃油滤清器（见图3-45），或者对燃油系统进行养护时，是绝对不能抽烟的，当然也不能允许周围的任何人抽烟。如果在养护操作过程中需要使用照明灯，则一定要确保所使用的照明灯是符合职业安全标准的。

同时，还应该注意，更换燃油滤清器必须在发动机冷机的状态下进行，因为发动机热机时从排气管排出的高温废气也能够把燃油点燃。在我们更换燃油滤清器之前，应该按照汽车制造商指定的操作规程释放燃油系统中的压力。释放燃油压力通常采用的办法是：拆开燃油泵保险丝或者燃油泵继电器，并转动发动机，这样就可以释放大部分燃油压力。

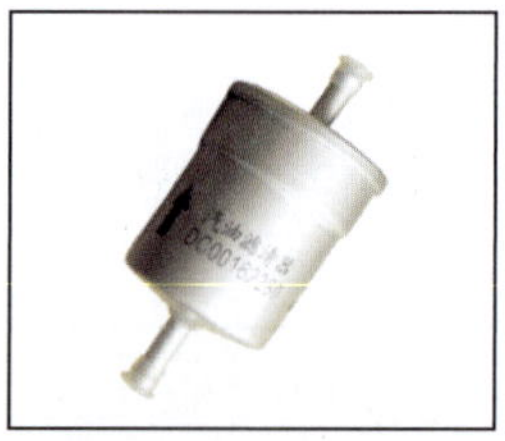

图3-45 燃油滤清器

在对外置型燃油滤清器进行养护时，应该检查与燃油滤清器相连接的油管和油路（见图3-46），看看这些油管和油路的外表面是否出现了因路面上的沉淀物、铁锈、润滑机油和划痕等而产生的损伤。如果有必要的话，更换任何一个损坏的部件。现在许多新型的燃油滤清器，本身附带有两条橡胶软管，橡胶软管从燃油滤清器的两侧引出，正是通过橡胶软管使燃油滤清器和汽车上的油路连在一起。如果新买的燃油滤清器附带有这种橡胶软管，则更换燃油滤清器时就应该舍弃原来的橡胶软管，而使用新的橡胶软管。因为橡胶管是不断老化的，旧橡胶管可能会发生泄漏。

燃油滤清器的更换方法如下：

图3-46 燃油管接头检查

步骤1 放松油路和燃油滤清器的结合处的夹紧装置，然后，将燃油滤清器从油路中拆下来，紧接着用塞子塞住油路，这样就可以防止燃油溢出。大部分安装在油路中的燃油滤清器都标有两个箭头，一个是燃油流入箭头，另一个是燃油流出箭头，用箭头来表明燃油经过燃油滤清器时的流向（见图3-47）。所以当我们安装燃油滤清器时，一定要使箭头的方向指向发动机，即油液是流向发动机的。

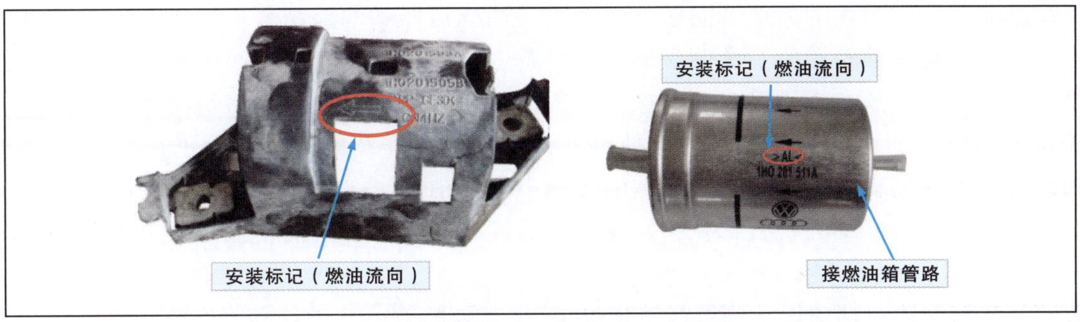

3-47 燃油滤清器安装更换示意图

步骤2

还应注意，在油路中所使用的夹紧装置，是专门设计的，在橡胶软管和燃油滤清器结合处把这两个部件紧紧地夹住，以达到密封的效果。与普通的夹紧装置相比，这种夹紧装置不会切入橡胶软管，因此也不会对橡胶软管造成伤害，同时这种夹紧装置还能承受很高的油压。相比之下，普通的蜗杆式夹紧装置更容易损坏橡胶软管造成燃油泄漏。最后，我们还应确保橡胶软管夹紧装置安装在正确的位置和按照指定的规格夹紧结合处。

注意

许多进口的燃油滤清器有一种琵琶型结合部件，通过这种结合部件把燃油滤清器和发动机油路连接起来。在使用这种琵琶型结合部件时，应注意它们的密封垫片是不允许重复使用的，因此对于带有琵琶型结合部件的燃油滤清器来说，每次养护时都必须更换密封垫片，以防止燃油泄漏。另外，使用这种琵琶型结合部件时还应注意，在安装过程中一定不能使联结螺纹出现错扣的情况，也不要在该结合部件上施加过大的夹紧力。在这些琵琶型结合部件上不要使RTV或者其他类型的密封圈。在安装该结合部件时，请使用直扳手，以确保合适的夹紧力。

O型密封圈

“O”型密封圈是一种比较受欢迎的、用于连接燃油滤清器和和发动机油路的结合部件的密封件。这种采用“O”型密封圈主要是因为它们能够提供良好密封。但是，这种结合部件容易受到损坏，而一旦受到损坏，它们就会发生泄漏，这时就必须更换密封圈。在更换这种“O”型密封圈时，一定要确保新的密封圈是专门为燃油系统而设计制造的，如果使用了其他类型的“O”型圈，则会出现扭曲和撕裂的情况。

当我们完成了对燃油滤清器的养护工作后，要把所有的零部件装配起来，重新装上燃油泵保险丝，然后，在点火系统不工作的情况下，使发动机转动若干圈，直到燃油系统中建立起正常的燃油压力时为止。此时，应检查燃油滤清器和油路是否存在泄漏情况。如果检查结果表明一切正常，启动发动机让它运转几分钟，然后，重新检查一遍，以确保没有泄漏情况发生。

（2）油箱盖的养护

油箱盖是汽车上燃油蒸汽排放系统中非常重要的组成部分。在1996年以及此后出现的与OBD II（第二代随车自诊断系统）相兼容的汽车上，如果油箱盖存在缺陷，松动或油箱盖丢失，都会引起车载故障指示灯（MIL）闪亮报警，同时还会在汽车电子控制模块中储存燃油蒸汽排放系统的初始诊断故障代码（DTC）。

汽车燃油系统中出现的大部分问题都是由于燃油滤清器和油路结合不当或者油箱盖出现缺陷引起的。有时当我们拧紧油箱盖时，会明显地感到很费力，这可能是由于螺纹错扣引起的，在过去的一段时间里，这种故障现象在燃油系统养护操作中曾经重复地出现过。在很多情况下，油箱盖还会发出像棘轮机构发出的“咔嗒、咔嗒”声，这种声音说明油箱盖安装的很紧并且正在起着密封的作用。当然，如果我们把油箱盖拧松时，“嗖嗖”的排气声就会消失了。对于油箱盖出现的问题，只要我们对油箱盖上的螺纹进行仔细的检查，就会发现问题的症结所在。更换油箱盖是解决各种故障问题的最好办法。

大部分汽车制造商都建议车辆每行驶30 000英里就要检查一次油箱盖。检查油箱盖时，还要特别地检查一下燃油注入口颈部两处的螺纹是否有损伤或螺纹错扣，并确保密封垫片或者密封圈处于正确的位置。另外，还应该注意的是油箱盖的使用是否满足汽车制造商要求的使用规范。如今市场上有专用的测试仪器可以用来检测油箱盖是否能够保持正常的油箱压力，也可以检查是否能够满足燃油蒸汽排放的要求。

二、柴油喷射系统

1. 一般检查与调整

（1）加速操纵索的检查与调整方法

加速操纵索的检查与调整方法如下：

步骤1 启动发动机后暖机至怠速状态稳定为止。

步骤2 确认怠速转速是否符合规定值。

步骤3 关掉发动机。

步骤4 检查加速操纵索有无折弯现象。

步骤5 检查内侧钢索活动间隙。

步骤6 如果发现钢索过松或过紧时，请按以下要领进行调整：

①拧松调整螺帽，将节气门操纵臂转到最小转速位置，见图3-48。

②拧紧调整螺帽至节气门操纵臂即将移动为止，然后使调整螺帽反转一圈，再用锁紧螺帽固定之，此时加速操纵钢索的松紧度将达到标准值：1～2mm。

③调整加速踏板的挡块，使其在节气门操纵臂处于全关位置时，刚好碰到踏板臂上。

④调整后检查确认在操作加速踏板时，节气门操纵臂是否从全开位置顺利地转到全关位置。

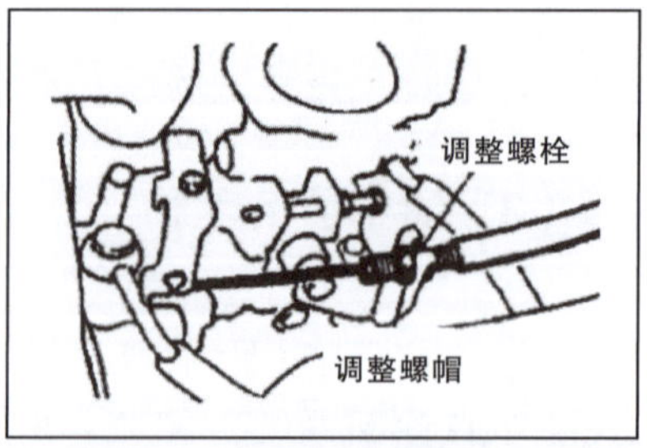

图3-48 加速操纵钢索的检查

（2）燃料滤清器的检查时机和检查方法

燃料滤清器的检查时机：更换了燃料滤清器时；在保养时放出燃料箱内的燃油之后补加燃料时；脱去供燃料的主软管时。

步骤1 松开燃料滤清器上的放气螺塞，见图3-49。

步骤2 用干净布盖住放气塞四周，在反复放气之后，拧紧螺塞。

步骤3 反复按压手动泵直到手感沉重为止。

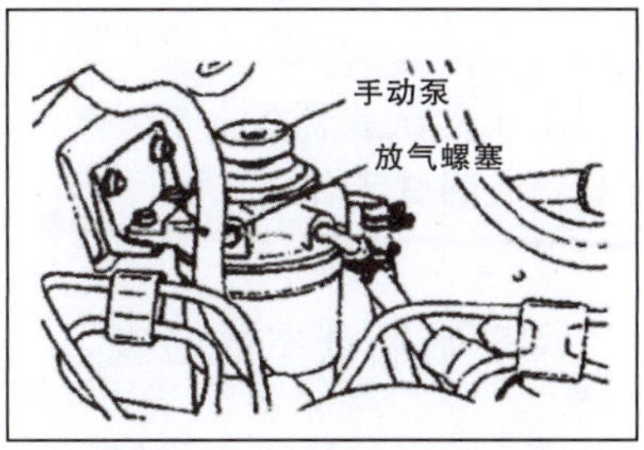

图3-49 检查柴油燃滤清器

（3）燃料滤清器的排水

为了分离出混合燃料中的水分和杂质，选择在流速较小的滤清器入口处油路上设置了油水分离装置，利用沉淀分离原理，分离出油中的水分和杂质。

燃油滤清器用来滤除燃油中的灰尘等异物，其过滤细度可达4μm以下；根据发动机的使用要求，定期进行清洗或更换。

当燃料滤清器警告灯亮时，说明滤清器内有水，应按如下要领放水。

步骤1 松开排水螺塞，见图3-50。

步骤2 操作手动泵以放净内部积水之后，手拧排水螺塞。

图3-50 燃料滤清器的排水

2. 喷油嘴的检查与调整

（1）喷射开始压力的检查与调整

喷射开始压力的检查与调整方法如下：

步骤1 将喷油嘴壳体安装在试验器上，见图3-51。

步骤2 以每秒1次的速度摇动试验器的手柄。

步骤3 随着手柄的摇动，压力计指针缓慢上升，当喷油嘴开始喷射时指针抖动。在试验中注意确认压力计指针开始抖动时的压力是否符合标准值。

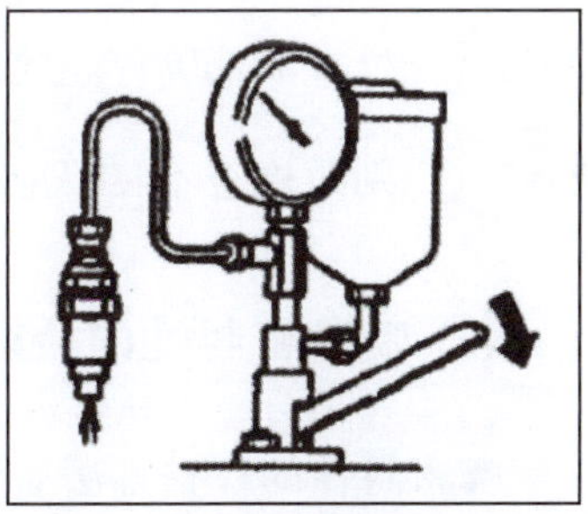

图3-51 将喷油嘴安装在试验器上

步骤4 如果喷射压力不符合规定值，应分解喷油嘴（见图3-52），以更换调整垫片厚度的办法调整喷射压力，使之符合规定值。调整垫的厚度变化0.1mm，喷射压力将改变0.98MPa。

注意

在分解喷油嘴时防止灰尘等杂物进入喷嘴内。

步骤5 若以改变调整垫片厚度的办法无法调整喷射压力时，应更换喷油嘴整件。

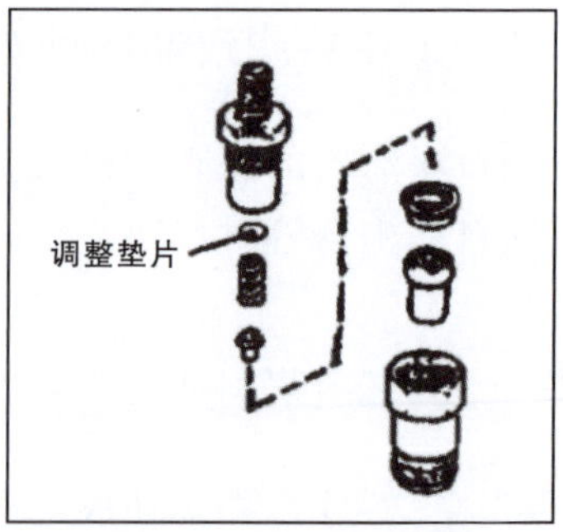

图3-52 喷油嘴的分解

（2）针阀振动状况的检查

在摇动试验器的过程中，如振动伴随异常声音传递到试验器手柄上，说明其工作正常。

（3）喷油状态的检查

喷油状态的检查方法如下：

步骤1 以每秒两次的速度摇动喷油嘴试验手柄，检查喷雾状态是否如图3-53所示那样良好，在喷射状态为油柱形时，喷射颗粒大，喷射后可能残留油液于喷油口处，这在检查中属常遇现象，说明喷油嘴的功能属正常。

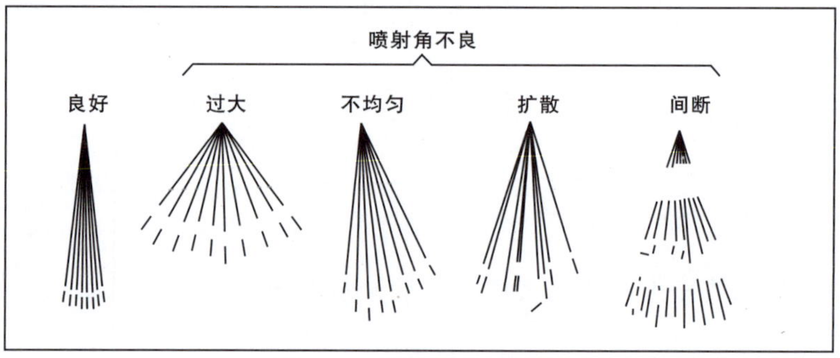

图3-53 喷雾状态的检查

步骤2 以每秒4～6次的速度摇动试验器的手柄。

步骤3 查看此时喷雾角是否很小（近零度），且检查喷雾状态属良好与否。

步骤4 如果喷雾状态属不良，则应分解喷油嘴更换喷管或喷嘴组件。

步骤5 检查喷油嘴停止喷射燃油之后是否从喷口滴油，见图3-54。

步骤6 判明检查不良，应分解喷油嘴更换喷管或喷嘴组件。

图3-54 喷雾停止后的检查

（4）喷嘴密封性的检查

喷嘴密封性的检查方法如下：

步骤1 用喷油嘴试验器往喷嘴内腔加压至9.8～10.78MPa。在维持此状态下，检查喷管四周有无渗漏情况，见图3-55。

步骤2 如有渗漏，应分解后更换喷管或喷嘴组件。

步骤3 如无法修复，则更换喷油嘴。

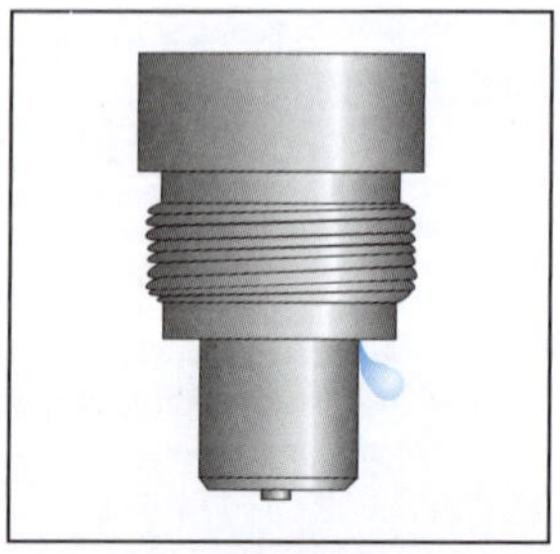
图3-55 喷嘴有渗漏

情境六：汽油–液化石油气（LPG）双燃料车的保养与维护

双燃料汽车是指具有两套相互独立的燃料供给系统（例如，汽油燃油供给系统和LPG供给系统），两套燃料供给系统都可独立地向发动机供给燃料的车辆。只要做到正确的使用与维护，双燃料汽车运行中使用LPG燃料，具有较高的经济性、可靠的安全性和良好的排放净化效果。双燃料汽车燃料供给系统见图3–56和图3–57。

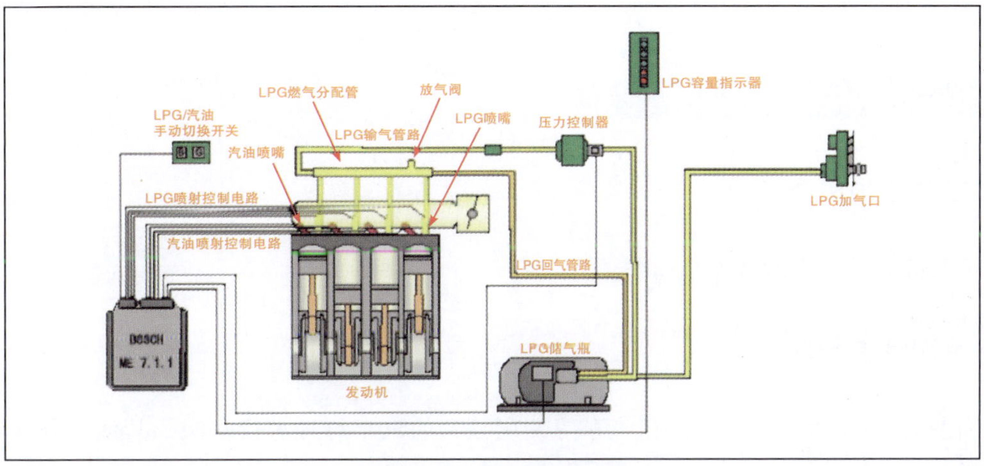

图3–56 LPG系统结构简图

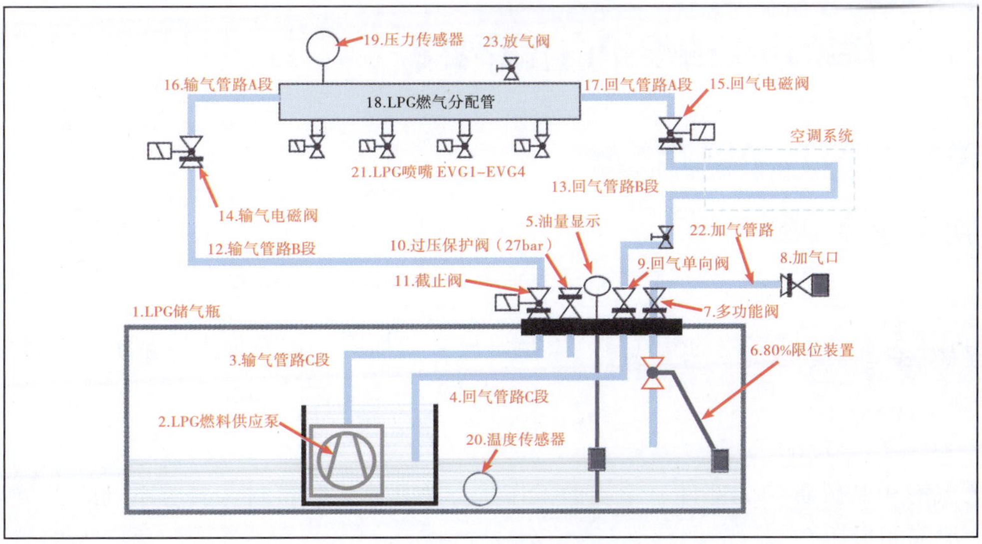

图3–57 LPG系统图

一、LPG供给系统的维护分类及维护周期

1. LPG供给系统的维护分类

LPG供给系统的维护要根据双燃料汽车的特点和运行规律进行确定，可以分为日常维护和定期维护。

（1）日常维护

以清洁、补给和安全检视为中心作业内容，由驾驶员负责执行。

（2）定期维护

除日常维护作业外，以检漏、检查、调整、紧固、恢复和保持为中心作业内容，维护检修燃气专用装置各功能部件，确保燃气专用装置安全有效，系统运行稳定并达到相应的技术条件。此项作业由具有相应资质的LPG汽车维护企业负责执行。

2. LPG供给系统的维护周期

（1）日常维护周期

每日出车前、行车中和收车后进行。

（2）定期维护周期

建议周期为5 000~7 500km，出租汽车等使用频繁的汽车每月进行一次，其他商务和家用汽车每季度进行一次。

二、LPG供给系统的维护内容及要求

1. 日常维护的内容和要求

日常维护的内容和要求如下：

要求1：

检查LPG压力或LPG储气瓶的储气量，不足时应立即加充，加充最大容量不要超过储气瓶容量的80%。

要求2：

检视燃气专用装置各功能部件、系统的工作状态及其连接和密封。要求系统的工作状态正常且连接无松动、泄漏和损坏。

要求3：

行车中要随时观察燃气系统的工作状况，要特别注意燃气系统是否出现过热、异响、异味、碰撞（包括车辆底盘）、漏电和打火现象，如出现异常情况，应及时关闭LPG储气瓶阀门，并及时到有资质的LPG汽车维护企业进行维修。

要求4：

每天出车和收车时要进行两种燃料的转换运行，确保LPG供给系统和油气转换开关的工作正常。

要求5：

车辆使用LPG时，电动汽油泵仍在工作，汽油箱中应保留10 L以上的汽油，以防止电动汽油泵损坏。

2. 定期维护的内容和要求

定期维护的内容和要求如下：

LPG储气瓶和固定支架：

检查其外观和固定情况。要求：LPG储气瓶表面应无严重划伤、凹凸和裂纹，当表面损伤深度超过1mm或多处为0.7mm以上时应更换LPG储气瓶；LPG储气瓶应固定牢固，无松动和窜动，LPG储气瓶的安装应符合《液化石油气汽车专用装置的安装要求》（GB/T 19239-2003）的规定；固定支架完好、无裂纹和变形，固定牢固，垫层完好。

LPG管路：

检查各管路及接头，有无破损、泄漏、松动和堵塞。要求：管路无损伤、挤压变形和堵塞，接头牢固且无泄漏；管路与其他物件无摩擦，不干涉，无老化和裂纹，连接可靠，与车体装卡牢固，无脱落，必要时进行管路通透、清洗，乃至更换管路；拆装高压管路时应更换管接头的环形卡箍。

组合阀、LPG电磁截止阀和充气阀：

检测密封和工作性能。要求：各种阀的密封良好，开闭灵活有效；止回阀工作可靠，无漏气现象；加气口固定牢固。

蒸发减压器：

检视外观和工作状况。要求：外观清洁，安装牢固，无泄漏；必要时进行解体清洗，更换一级、二级膜片，调压膜片和水封，试压检漏，并用测试器进行系统调试，调试后其尾气排放要符合相关标准；工作无异常情况。

混合器：

检视外观和工作情况。要求：固定牢固，气道通畅，必要时进行清洗；空气滤清器要保持清洁。

油气转换开关和气量表：

检查油气转换开关和气量表的使用性能。要求：油气转换开关灵活有效，气量表显示与LPG储气瓶内存气量相符，出现不一致时应检修组合阀，检查LPG储气瓶安装位置与气量表，必要时予以更换。

LPG电磁截止阀：

检查线路安装的牢固性和使用性能。要求：接线牢固可靠，开闭性能良好；LPG电磁截止阀内置滤网应清洁有效，必要时予以清洗或更换。

LPG供给系统线束：

检查线束和接头。

要求：线束无干涉、磨损和裸露现象，接地有效，接插可靠，必要时更换线束。

LPG闭环控制系统：

检查系统的工作状况。要求：两种燃料的转换均能保证发动机的正常运转，并可以自由转换：LPG供给系统工作正常，没有油气混烧现象；油气转换开关在LPG位发动机不运转时，气路各种电磁阀均正常有效，适时关闭；λ控制器工作正常，排放符合要求；电喷模拟调节器和功率阀工作正常，发动机工作平稳；发动机功率下降不超过5%。

电喷模拟控制装置：

检查线束和工作状况。要求：车辆能在两种燃料模式下独立工作且油气转换过渡平稳，在LPG状况下发动机工作稳定，电喷模拟线束和电喷模拟调节器连接牢固，无磨损和干涉现象。

试车：

检查发动机启动和工作状况及车辆行驶的动力性。

要求：发动机启动顺畅、工作平稳，系统运行安全无泄漏，排放符合相关标准；车辆加速性能、爬坡性能及平顺性能良好，动力损失少。

三、需要注意的事项

LPG系统的维护与保养注意事项如下：

注意事项1

LPG含有非挥发性物质，很容易损坏膜片和密封件，所以每月要将排污口打开一次，清除掉LPG沉积物。

注意事项2

每天至少用汽油工作20分钟，以保持汽油机的良好状态，否则，气门座的寿命会由于长期得不到润滑而降低。

注意事项3

用汽油启动发动机时，只要将转换开关置于“汽油”位置即可，但用LPG启动时应首先将化油器中的汽油燃尽。为此，必须先将转换开关放在中间位置（即既不供气也不供油的位置），待化油器中的汽油燃尽后再将它换到“LPG”位置。

注意事项4

如果准备长期不用LPG，则必须将管道和蒸发器中的LPG燃尽或排进，还要将蒸发器排液孔打开，放出污液，再对蒸发器做必要的清洗；否则LPG中不易挥发的物质会沉淀在密封件和膜片上，腐蚀密封件和膜片。

注意事项5:

汽车每行驶2 000km应清洗一次混合器，检查和调整一次发动机的排放，还应在拆下管道过滤器后用压缩空气吹去管道过滤器中的污物，防止气道堵塞。

注意事项6

LPG装置的调整方法是：在发动机工作后，先将LPG调节阀开度由大逐渐关小，直至发动机运转正常；然后调整蒸发器上的怠速调整螺栓，使发动机怠速时CO和HC的排放量分别为$<1\%$和$<300\times10^{-6}$或使混合气在发动机转速为1 200~1 600r/min时的空燃比为12.5~12.8。

注意事项7

必须注意车用LPG的质量，无论是进口LPG还是国产LPG，其丁二烯和硫的含量都应分别小于0.5%和0.015%（重量百分比）。

注意事项8

在汽车行驶中如果发现LPG泄露，应立即关闭LPG开关，然后检查各紧固件和管路接头的松、漏情况，并及时检修。在故障未排除的情况下，汽车应用汽油行驶。

注意事项9

紧急情况的处理。汽车在行驶过程中如发生LPG泄漏，应立即靠边停车，关闭电源和LPG储气瓶组合阀上的手动截止阀，然后进行处理。如果有大量燃气泄漏或无法关闭组合阀上的手动截止阀，应立即切断电源，隔离现场，隔离人员和火源。如发生火灾，应用灭火器进行灭火或报119等待消防部门来处理。

注意事项10

事故车的修理。当车辆发生事故后，特别是涉及LPG供给系统损坏时，修车前要关闭LPG储气瓶总阀门，并到有资质的LPG汽车维护企业进行系统的拆装和恢复，以确保LPG供给系统的安全可靠，杜绝安全隐患。

注意事项11

双燃料汽车停驶后重新使用的处置。LPG供给系统应经常使用，如果长期停用，应将LPG储气瓶内燃气用完；停用半年后再次使用时，应到有资质的LPG汽车维护企业进行LPG供给系统安全检测和调试，确定安全可靠后才可投入使用。

课题小结

1. 润滑系统的功用就是在发动机工作时连续不断地把数量足够、温度适当的洁净机油输送到全部传动件的摩擦表面，并在摩擦表面之间形成油膜，实现液体摩擦。从而减小摩擦阻力、降低功率消耗、减轻机件磨损，以达到提高发动机工作可靠性和耐久性的目的。

2. 冷却系经过长时间的使用，加用生水或质量不高的防冻液，会在冷却系（散热器、缸体的水套）中产生大量的水垢、铁锈和泥沙，使冷却效果降低。因此，用普通水的冷却系统，每半年须清洗一次。其他使用防冻液的冷却系统，应在更换防冻液或发动机大修时，彻底清洗一次冷却系统。

思考与练习

填空题

1. 发动机润滑系统的主要作用有__________、__________、__________和__________四个阶段。

2. 发动机机油对__________有重要的影响，所以每天都应检测发动机机油量。

3. 现今的轿车多采用______滤芯的空气滤清器。

4. __________是把排气中对大气有害的______、______、______的氧化物等废气转化为对大气无害的______、______、______物质，从而达到排放法规要求的重要部件。

第四部分

汽车底盘的保养与维护

情境一：离合器的保养与维护

离合器安装在发动机与变速器之间，汽车从启动到行驶的整个过程中，经常需要使用离合器，见图4-1。它的作用是使发动机与变速器之间能逐渐接合，从而保证汽车平稳起步；暂时切断发动机与变速器之间的联系，以便于换挡和减少换挡时的冲击；当汽车紧急制动时能起分离作用，防止变速器等传动系统过载，起到一定的保护作用。

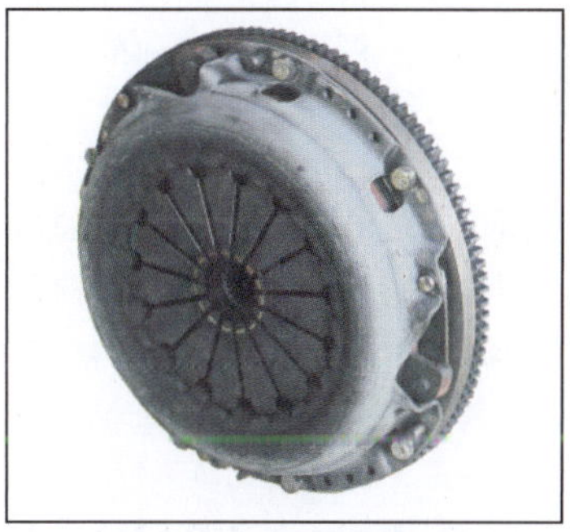

图4-1 离合器实物图

一、离合器踏板高度的测量和调整

用直尺测量由地板到踏板垫面的距离称为踏板高度，即A距离标准值为180.5mm（见图4-2），如不相符，应调整踏板止动螺栓，调整到标准值后拧紧锁紧螺母。

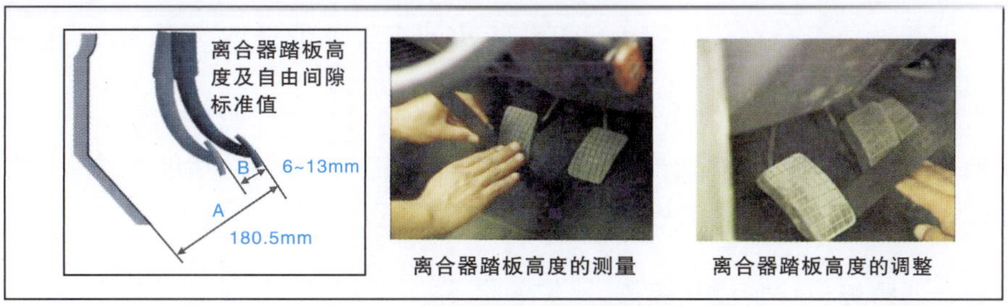

图4-2 离合器踏板高度测量调整

二、离合器踏板自由间隙的测量与调整

离合器踏板若没有自由行程，会造成离合器打滑，汽车行驶无力；如查离合器踏板自由行程过大，不能使离合器彻底分离，造成换挡困难。

检查时，踩下离合器踏板，直到感受到有阻力为止。这一行程即是离合器踏板的自由行程。自由行程必须在6~13mm规定的极限值范围内。如果不符合规定应到维修站检修。

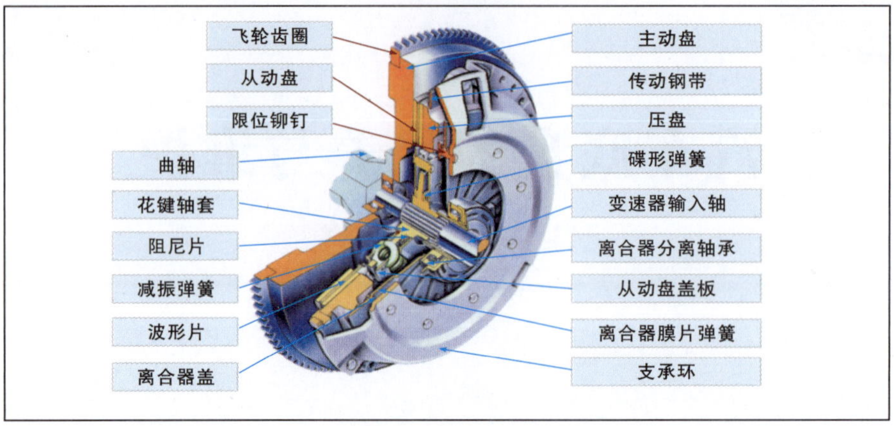

图4-3　离合器结构图

离合器踏板自由间隙的测量和调整方法如下：

用直尺测量离合器踏板自由间隙，即B距离，见图4-2，标准值为6～13mm，如不相符，应调整离合器总泵顶杆长度，调解到标准值后拧紧顶杆锁紧螺母。

离合器在使用过程中，从动盘会因磨损而变薄，使自由间隙变小最终会影响离合器的正常接合，所以离合器使用一段时间后需要调整间隙，保证其合适的自由间隙，如果驾驶员能自己调整的话会带来很多方便，同时能够避免很多因故障带来的麻烦和安全隐患。

三、液压式离合器液压管路排空气

每次拆卸离合器油管、离合器软管、离合器总泵，或踩下离合器踏板感觉无力时应对离合器液压系统放气，注意加注的离合器油SAE J1703（或DOT3、DOT4），切勿使用质量差的离合器油。

排气方法如下：

步骤1　使用一根塑料软管套在放气螺栓上，将排出的离合器油导入一个容器内，打开离合器分泵放气螺栓。

步骤2　慢慢地往复地踩下离合器踏板，如果往复踩下离合器踏板的速度过快，汽缸里的空气将不能放尽，每次放松离合器踏板时都要回到最高位置。

步骤3　踩住离合器踏板，拧紧放气螺栓。

步骤4　对储油罐加注离合器油到规定位置。

情境二：手动变速器的保养与维护

手动变速器是指通过拨动变速杆改变变速器内的齿轮啮合状态，改变传动比，从而达到变速目的的一种变速器，见图4-4。车辆的驱动方式不同，变速器的外部形状差异较大，但其基本组成结构是相同的，一般由动力传动机构、变速执行机构和减速输出机构组成。

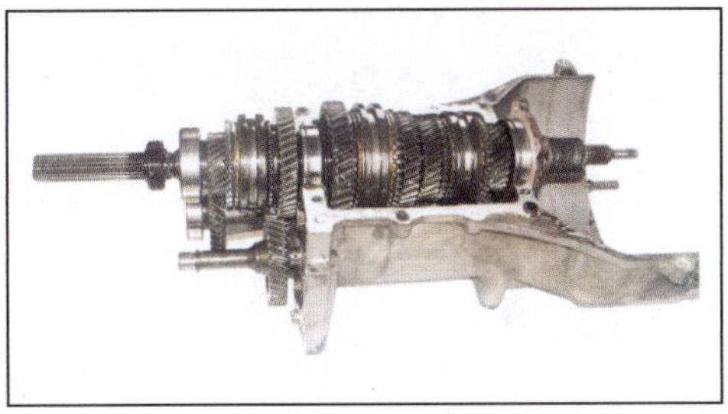

图4-4 手动变速器机构

一、一级维护操作

1. 变速器油的检查

变速器油的检查方法如下：

步骤1 检查变速箱是否有漏油，如有应维修漏油处。

步骤2 进行检查时，应确保汽车放平。

步骤3 卸下变速器油位塞。通过注油孔/油位塞孔能检查油位。如果卸下油位塞时，油从油位孔流出或油位已达油位孔，说明油已加注到位；如果发现油量不足应用规定油加注，让油位升至油位孔。

步骤4 按规定扭矩拧紧油位塞。

2. 换挡控制杆与轴的检查（一级维护操作）

检查换挡控制杆是否灵活，有无不正常的噪音。如操作不灵，应按下述要求进行润滑。用底盘防水润滑脂润滑控制杆支座和轴衬套。

二、二级维护操作

1. 变速器油的更换

变速器油的更换方法如下：

步骤1 将汽车放平。卸下放油塞，放油。

步骤2 按规定扭紧放油塞。

步骤3 用规定用油加注，让油位升至油位孔。

步骤4 按规定扭矩拧紧注油塞。

情境三：自动变速器的保养与维护

自动变速器（见图4–5）是指根据发动机转速、动力传动载荷、车速和其他操作因素自动改变变速器内齿轮啮合状态，改变传动比，从而达到变速的目的。相对于手动变速箱而出现的一种能够自动根据汽车车速和发动机转速来进行自动换挡操纵的变速装置。目前汽车自动变速箱常见的有四种形式，分别是液力自动变速箱（AT）、机械无级自动变速箱（CVT）、电控机械自动变速箱（AMT）和双离合自动变速箱。

液力自动变速器由变矩器、机械式变速器（一般多采用行星齿轮）和电子–液压控制系统三部分组成。

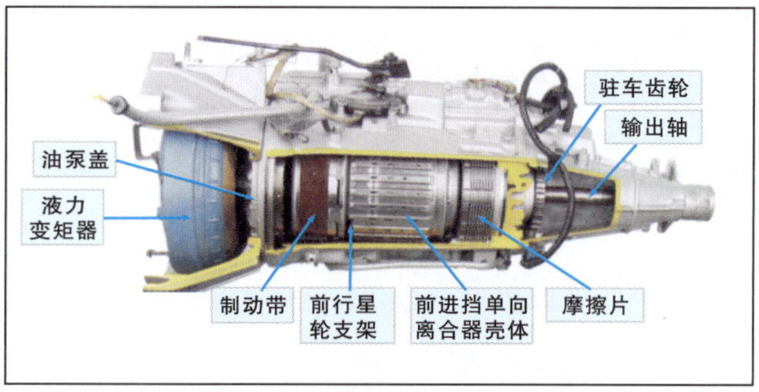

图4–5 自动变速器实物图

一、自动变速器油

1. 自动变速器油的更换周期

每行驶约100 000km时更换一次自动变速器油。

恶劣条件：每行驶40 000km时更换一次。

自动变速器油更换周期，见表4–1。

表4–1 自动变速器油更换周期表

更换周期	容量
每行驶100 000km时	1.6: 6.1L
	1.8: 7.8L

2. 自动变速器油的检查

自动变速器油的检查步骤如下：

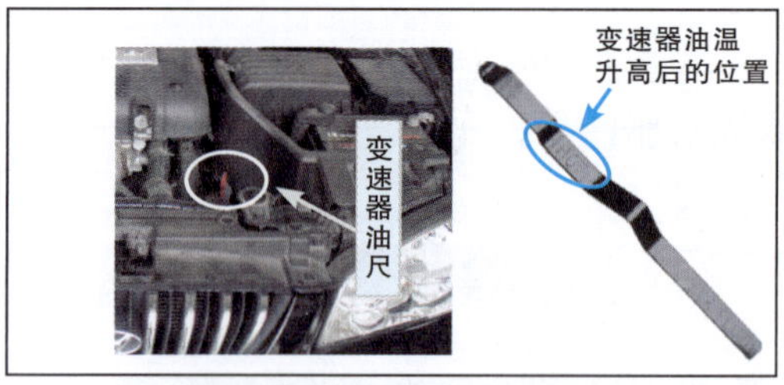

图4–6 自动变速器油标尺

步骤1 将车辆停在平坦路面上，拉紧驻车制动器。

步骤2 启动发动机，待变速器油温度达到正常温度后，踩住制动踏板，将变速杆从“P”挡到“L”挡位以2~3秒为时间间隔在各挡位来回移动2～3回，最后挂入“N”空挡或“P”挡。

步骤3 打开发动机仓盖，拔出变速器油标尺。要避免衣服或手碰到旋转部分及过热的散热器造成伤害。

步骤4 用抹布擦干变速器机油标尺后，再次将它插入变速器，然后再次拔出，观察变速器油是否在“HOT”范围之内，见图4–6。

步骤5 如果变速器油不足，用漏斗加入变速器油至“HOT”范围。

警告：

在发动机温度达到正常温度后测量自动变速器油量，避免被散热器和排气装置烫伤。

3. 自动变速器油压试验

检测减速油压值

将变速器手柄分别置于空挡，发动机怠速运转；4挡发动机转速约2 500r/min；3挡发动机转速约2 500r/min；2挡发动机转速约1 000r/min；1挡发动机转速约2 500r/min；倒挡发动机转速1 000r/min，其压力值均应为360~490kPa。

检测强迫降挡制动油压

将变速器手柄置于2挡，发动机怠速运转，其油压值应为100~200kPa；将OD开关接通，手柄挂入4挡，发动机转速约2 500r/min；将OD开关关闭，手柄挂入3挡，发动机转速约2 500r/min；将手柄挂入2挡；发动机转速约1 000r/min，其值均应为830～900kPa。

检测前段离合器油压

将OD开关关闭，变速器手柄挂入3挡，发动机转速约2 500r/min，其油压值应为830~900kPa；将变速器手柄置入倒挡，发动机转速约2 500r/min，其压力值应力1 640～2 240kPa，发动机转速约1 000r/min时，其值应为1 500kPa。

检测终段离合器油压

将变速器OD开关接通，变速器手柄置于4挡，发动机转速在2 500r/min以下，其油压值应为830~900kPa；将OD关闭，手柄置于3挡，发动机转速约2 500r/min时其油压值应为830～900kPa。

检测倒挡制动油压

将手柄置于倒挡，发动机转速在2 500r/min以下，其油压值应为1 640～2 240kPa；将手柄置于倒挡，发动机转速在1 000r/min以下，其油压值应为1 500kPa。

自动变速器油压不良故障的原因分析，见表4-2。

表4-2 油压不良故障及其原因

油压不良故障	故障原因
减速油压不良	相关油路堵塞，滤清器堵塞，油压调整不当，减压阀卡住阀体固定部分松动。
强迫降挡制动油压不良	强制降挡活塞、油封、环片不良，阀门体松动，阀体总成不良。
前离合器油压不良	强迫降挡活塞、油封及环片不良，阀门体松动或总成不良，前离合器活塞或环磨损，油封漏油等。
终端离合器油压不良	终端离合器油封或环片漏油，阀门体松动或阀门体总成不良。
倒挡制动油压不良	阀体与传动轴磨损或漏油，阀门体不良，倒挡制动活塞环片不良。

二、自动变速器的免解体维护

自动变速器是高度精密的动力传输装置，装备有许多精密部件，液力变矩器、太阳轮、行星轮和复杂而细小的油道等，它们对污染物和温度变化非常敏感。如果缺少必要的保养，自动变速器会出现工作粗暴，换挡困难等故障。

据有关资料统计：90%的汽车自动变速器故障是由于传动液被污染劣化，失去保护功能造成的。在不规范保养情况下，极易出现工作粗暴、换挡迟缓等状况。

借助于自动变速器清洗更换设备保养能够达到彻底清洗更换，深化保养的效果：把系统中的漆膜、金属磨粒、油泥和所有的旧自动变速器油彻底排出系统，避免新的ATF液加入后被污染劣化；恢复变速器油封和垫片的弹性，增强密封性能，防止系统出现渗漏；提高ATF液的性能，延长自动变速器和ATF液的使用寿命。定期使用自动变速器清洗更换设备和相配套的产品进行保养就会真正达到不解体清洗，全寿命使用的现代汽车保养目的。

1. 自动变速器的清洗循环

对自动变速器免解体维修时，要将自动变速器出油管从管接头处拆开，从回油管的管接头拆开也是一样的。用清洗和注油用油管将自动变速器油路与维修设备连接起来，这样当换油泵转动时，就带动自动变速器液压油呈体外循环。此时在自动变速器量油尺孔（加油孔）加注一瓶自动变速器清洗剂，则在液压油废油循环过程中与原来的废油充分混合，并彻底清洗自动变速器内各部位。

清洗过程中应不断变换变速杆置于D和R等各挡，踏住脚制动并拉紧手制动；变换油门开度，使自动变速器各挡都能得到清洗。清洗循环时可用液压油流量调节阀调节流量，并从机械转动的指示器中可看到液压油的流动，当液压油受到污染而全变黑时指示器窗孔即变黑了，看不见叶轮转动，但用手摸时可以感到热量，用手摸清洗注油油管也能感到热量和油流波动；废油油量表指示废油流量，油量随着调节阀开度大小而变化，适当控制流量调节阀的开度，对废油和清洗液的循环有利，可以在较短的时间内清洗好自动变速器；当废油油量表显示为“0.00”时，表示循环液有堵塞之处，适当开启和关闭调节阀可将堵塞处冲开而重新恢复油流循环，直到将自动变速器清洗好为止。

2. 新油加注

新油加注是将新油用油泵压入自动变速器，与此同时顶出自动变速器中的废油。

当自动变速器清洗完毕，将清洗加注设备上的“换油”开关按下，此时内部油路的电磁阀动作，油路自动切换；新油油箱与进油管相连；废油油箱与出油管相连，而新油油箱与废油油箱是彼此分开的；当换油泵转动时，新油从进油管流进自动变速器，并逐渐顶出自动变速器中的废油。

当换油开始时，可从透明的进油管上看到废的黑油逐渐被红色的新油所代替；当换油快要结束时，出油管就变得透明并完全变红了，但此时还有间断的黑色油液；继续进行换油，顶出废油，直到出油管全部变红并透明，自动变速器中的脏物随废油排出，并在废油油箱侧面的玻璃管油面高度指示器的下部呈现新油为止，即把废油和脏物几乎全部排出。

强制换油的油量略高于自动变速器油量容积，如自动变速器的油量容积为6L时，换油量最好是8L；油量容积为8L时，换油量应为10L比较合适。

换油的流量可由新油流量调节和指示装置调节和显示出来，通过新油数字式流量表指示出具体数字。调节阀门可以改变油量，当进油量略小于出油量时，可将新油刚好加注到量油尺的最小和最大刻度之间，几乎不用重新加注和减油。

3. 管路连接

清洗注油设备与汽车自动变速器连接的管路的形式各有不同，这是由于各种车型自动变速器的冷却油管的直径和形式不同所致。

对于自动变速器进、出油管的接头要依原车管路和接头的形式而定，而与清洗注油设备连接处有其中一种形式即可，并应采用快换接头连接。与自动变速器连接的管接头，直径应相一致，能够刚好紧密连接为宜，而后用卡箍固定住，防止漏油，快换接头设计成不漏油的形式。

清洗注油管还应选用透明的耐油树脂塑料为宜，因为这样可以看清油流在管路中的流动的全过程，以便于查找液压系统的故障，对维修十分有利。

清洗和注油作业是在车上进行，作业前应用衬垫防护汽车车身，以防止污染。要注意清洗液不要滴落在车身表面油漆上，如不慎滴落，应及时用棉纱擦拭干净。连接和松开管接头时，要防止油液滴落在发动机和排气管上，如不慎滴落，应及时擦拭干净；对滴落在排气管上的油滴，在发动机启动和运转中会烧成蓝色烟雾，要仔细辨认，以免误判为发动机故障。

在换油作业中，发现循环油路中有堵塞现象，多发生在自动变速器内部，此时可用改变油流量的方法进行冲洗。如果仍不见效可多加一瓶强力清洗剂强制清洗。两次清洗加换油作业，多用在自动变速器长期使用中从来就没有清洗和换油的情况。

4. 清洗效果

借助于自动变速器清洗更换设备保养能够达到彻底清洗更换，深化保养的效果：把系统中的漆膜、金属磨粒、油泥所有的旧自动变速器油彻底排出系统，避免新的ATF液加入后被污染劣化；恢复变速器油封和垫片的弹性，增强密封性能，防止系统出现渗漏；提高ATF液的性能，延长自动变速器和ATF液的使用寿命。

三、ATF用油滤清器

在进行预防性维护时，ATF滤清器通常是被遗忘的角落。在大部分情况下，ATF滤清器并不像机油、空气或燃油滤清器那样易于更换。除非该滤清器的堵塞已经影响到变速器的正常工作，否则人们通常会忽略对其及时更换的重要意义。事实上，由于ATF滤清器是对汽车第二大总成进行保护的装置，所以应该保持其清洁或者按照其制造商推荐的更换周期及时更换。

自动变速器通常采用纸质滤清器、毡质滤清器或滤膜滤清器来滤除其油液中的污垢。亚洲汽车制造商喜欢使用滤膜滤清器，而欧美制造商则更倾向于纸质或毡质滤清器。

四、自动变速器失速试验

失速试验的目的是全面评定自动变速器的功能。试验方法是变速器挂入D挡或R挡将车轮顶住，将驻车制动及行车制动器全面制动住，瞬间将加速踏板踩到底，观察发动机的最大转速值。

具体操作方法如下：

步骤1 启动发动机，发动机冷却液温度80~100℃，变速器油温在80~100℃，油面在“HOT”范围。

步骤2 将四个车轮顶住，拉紧驻车制动器，见图4-7。

步骤3 启动发动机将变速杆推入D挡或R挡。

步骤4 一只脚将制动踏板踩到底，另一只脚将加速踏板迅速踩到底，立即观察并记录转速。

图4-7 拉紧驻车制动器

在整个试验中，踩下加速踏板时间不得超过5s。北京现代伊兰特轿车失速试验的转速应在2 000~2 900r/min。

若“D”挡与“R”挡位的失速转速低于标准值，则可能为液力变矩器不良或发动机功率不足。

若仅在“R”挡位失速转速低于标准值，则可能为倒挡离合器打滑。

若“D”挡与“R”挡位失速转速都过高，则可能为系统压力不足或低-倒挡制动器打滑。

若仅在“D”挡位失速值过高，则可能为减速传动离合器打滑。

情境四：悬架系统的保养与维护

悬架是车架（或车身）与车桥（或车轮）之间一切动力连接装置的总称，见图4-8。悬架系统应有的功能是支持车身，改善乘坐的感觉，不同的悬架设置会使驾驶者有不同的驾驶感受。外表看似简单的悬架系统综合多种作用力，决定着汽车的稳定性、舒适性和安全性，是现代汽车十分关键的部件之一。

它的功能是：将路面作用在车轮上的力和力矩传递到车架（或车身）上，保证汽车的正常行驶。

目前汽车的悬架一般由弹性元件、减振器、导向机构、横向稳定器组成。

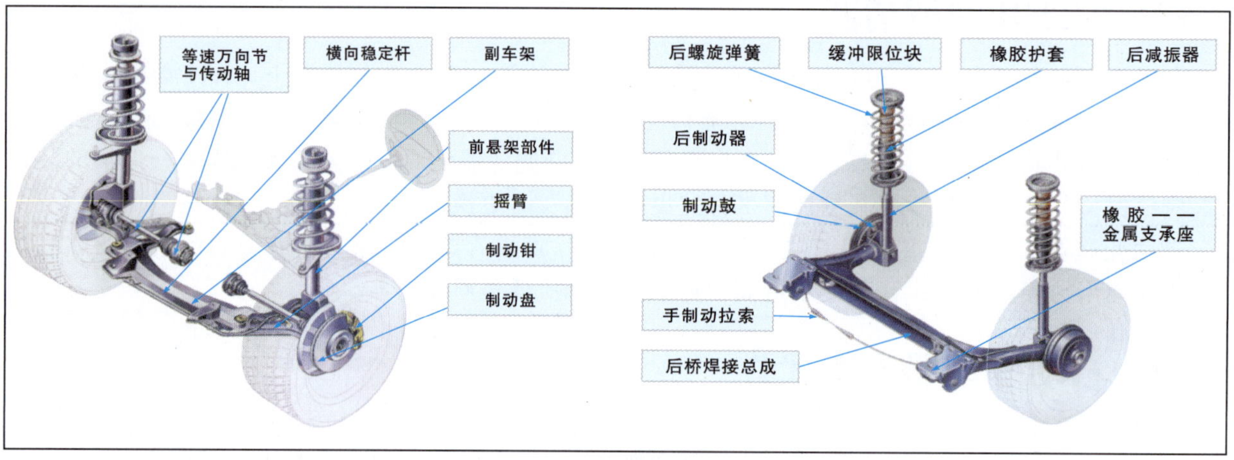

图4-8 前、后悬架结构图

一、悬架装置检查（一级维护操作）

悬架装置检查（一级维护操作）步骤如下：

步骤1 检查前/后减振器有无漏油压痕或衬套上的其他损坏；检查支座端是否有损伤。如有损伤部件，应更换，见图4-9。

步骤2 检查前/后悬架装置（图4-10）是否有损坏、松脱或丢失零件，还应检查部件是否有损伤部件。

步骤3 检查前、后悬架上弹簧座有无脱开、撕裂成其他损坏。如有损伤，应更换。

步骤4 检查悬架螺栓与螺母是否拧紧，必要时，应重新拧紧，如有损伤部件，应维修或更换。

步骤5 检查前悬架上下摆臂。检查上下摆臂的要点：

①检查衬套的磨损和老化状况。
②检查下摆臂是否弯曲或断裂。
③检查防尘套是否开裂。
④检查所有螺栓。

⑤检查下摆臂球头：如果防尘套有裂纹应更换防尘套总成。安装球头自锁螺母，经过24h测量球头转矩（见图4-11），在常温下转动3°，以0.5~ 2r/min的转速，标准转矩0.2~ 1N·m（前）、0.5~0.15N·m（后），如果转矩低于标准值应更换球头总成。

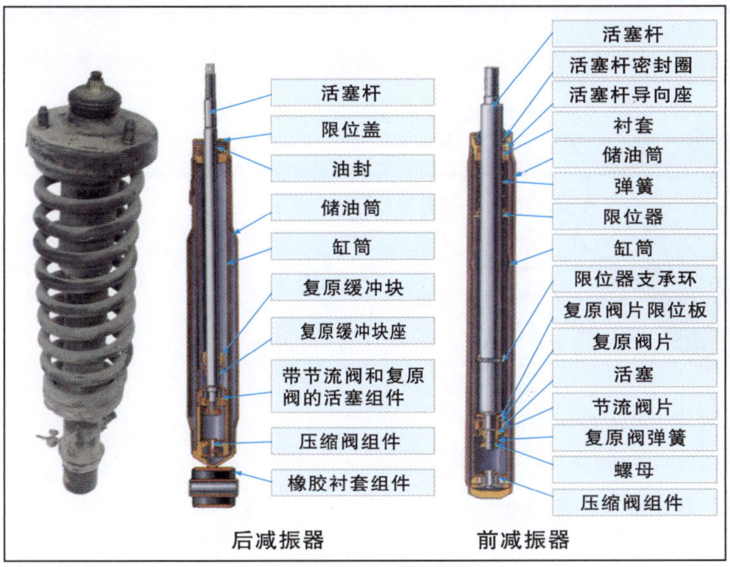

图4-9 减振器图

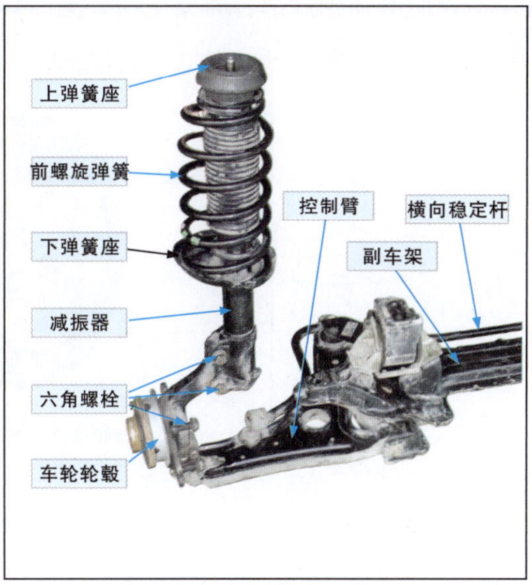

图4-10 前后悬架连接件图

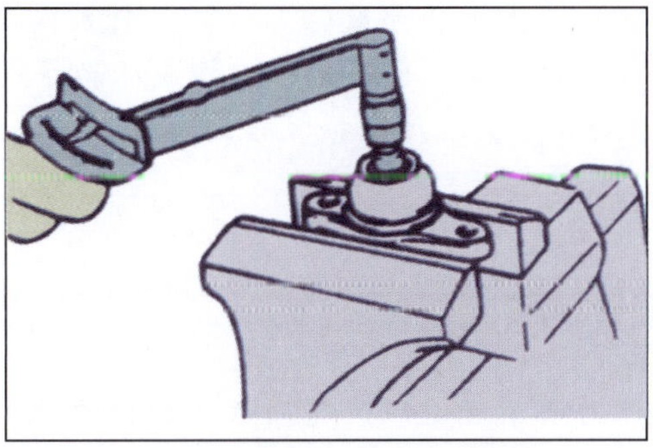

图4-11 测量下摆臂球头转矩

二、轮胎的检查与更换

1. 轮胎检查

轮胎的检查步骤如下：

步骤1 检查轮胎是否已过度磨损或损坏。如发现不良，应更换。

步骤2 检查每个轮胎的气压，必要时，应按技术要求调节压力，见图4-12。

项目	区分		
轮胎规格	175/70R14	185/65R15	195/60R15
轮胎压力	前后2.1kg/cm²（30PSI）		

图4-12 轮胎的检查

注意

- 轮胎气压的检查应在轮胎冷却后进行。
- 应在随车的轮胎标牌或用户手册中，找出规定的轮胎气压。

2. 轮胎的更换时期

轮胎上设有表示外胎磨损程度的标记，也就是轮胎旁边槽中或△标记方向的突出部分表示磨损程度。当轮胎磨损到这部分时要更换，见图4-13。

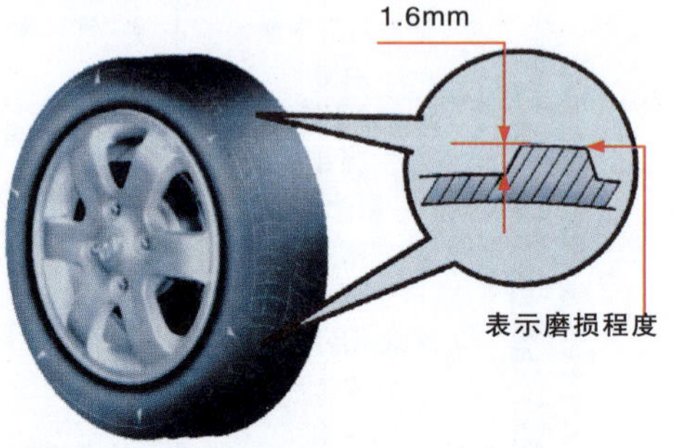

轮胎磨损程度	轮胎槽深度剩余量1.6mm以下（0.06in）

图4-13 轮胎磨损程度检查

警告:

· 轮胎气压比规定值低时（10psi以上）会导致轮胎过热。特别是热天，高速行驶时更为严重。这时会出现外胎分离，轮胎间出现不规则现象，使车辆难以控制从而导致发生重大交通事故甚至死亡。

· 轮胎气压过高、驾驶不良、轮胎中央过度磨损、路面情况不良，都会增加导致伤害的可能性。

· 旧轮胎有破裂、失去制动性等的危险。

注意:

· 更换轮胎时，不要同时安装子午线轮胎和斜线轮胎。

· 使用不同规格、型号的轮胎对乘车舒适性、转向性、最低离地间隙、轮胎与车体间隙以及车速表的精确性都有影响。

· 更换轮胎时，最好同时更换四个轮胎。不能同时更换4个或没必要同时更换时，应同时更换前或后2个轮胎。仅更换一个轮胎会给转向性带来严重的不良影响。

· 如果使用不同规格的轮辋，会对车轮、轴承寿命、制动性、转向性、最小离地间隙、车轮间隙、防滑链间隙、车速表精确度、大灯角度以及保险杠高度造成不良影响。

3. 轮胎位置的交叉变换

为了防止轮胎偏磨损，延长轮胎的使用寿命，每行驶10 000km时按图4-14或图4-15方法变换轮胎的位置。

（1）检查轮胎气压

调整轮胎气压时，如果压力过大，在行驶中会有突然爆破危险。
轮胎应保持规定气压。

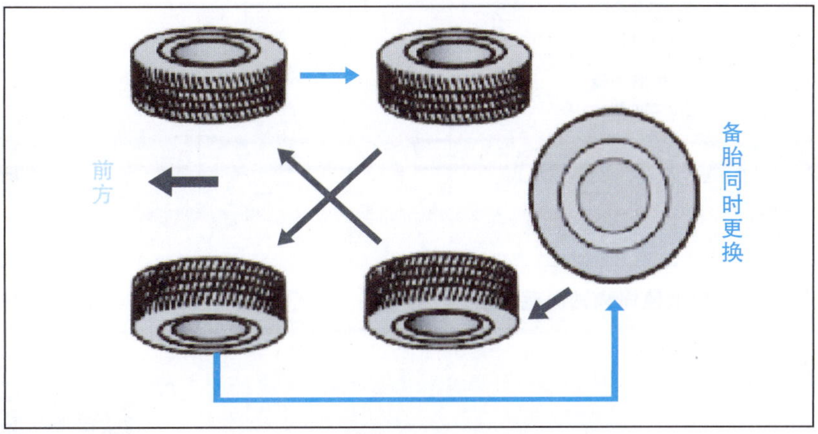

图4-14 备胎同时更换轮胎的换位方式

4. 轮胎换位

轮胎换位方法如图4-15所示。

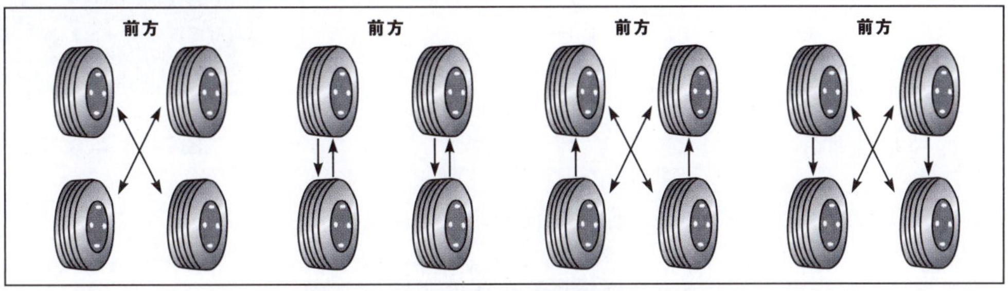

图4-15 轮胎的换位方式

5. 轮胎不正常的磨损现象

轮胎不正常磨损现象和原因，见表4-3所示。

表4-3 轮胎的不正常磨损

磨损现象	胎面中部磨损	胎面两侧磨损	胎面剥落	胎面一侧磨损	磨损现象	胎胎平斑	边缘呈锯齿状	粘胶不良	磨损不均匀
参照图		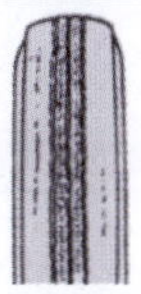	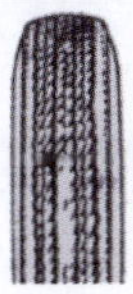	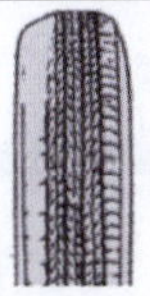	参照图	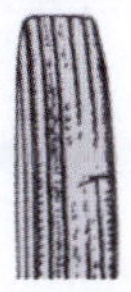			
损坏原因	气压过高	气压过低，主销松动	高速行驶，离心力使胎面裂开	外侧磨损，外倾角过大；内部磨损，外倾角过小；经常急转弯	损坏原因	紧急制动使胎面与地面摩擦过甚而磨损	前束过大或过小	因胎面弯曲引起粘胶损伤	车轮平衡不良，悬架、转向机齿条或轴承不良

6. 检查轮胎磨损和轮辋跳动量

步骤1 胎面花纹深度磨损极限为1.6mm。

步骤2 胎面花纹深度小于1.6mm必须更换轮胎。

步骤3 用举升工具举升车辆。

步骤4 用适当的量具（通常为百分表）测量轮辋径向和轴向跳动量，钢制车轮：径向跳动量为0.6mm，轴向跳动量为1.0mm；铝合金车轮：径向跳动量0.3mm，轴向轴向跳动量0.3mm；如图4-16，如超标应更换轮辋。更换后按图4-17顺序拧紧车轮螺母。拧紧力矩90～110N·m。

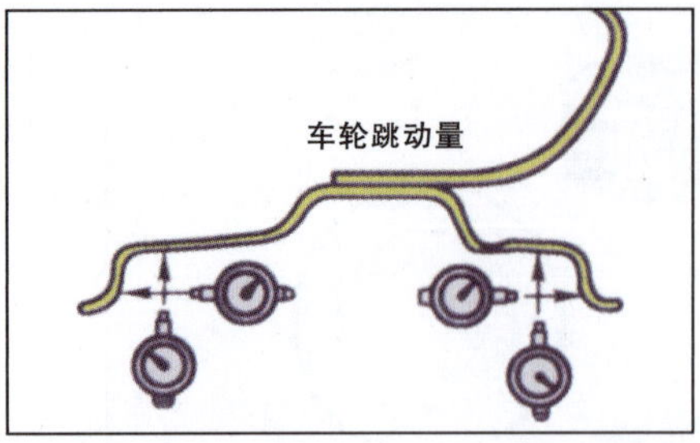

图4-16 测量轮辋径向和轴向跳动量

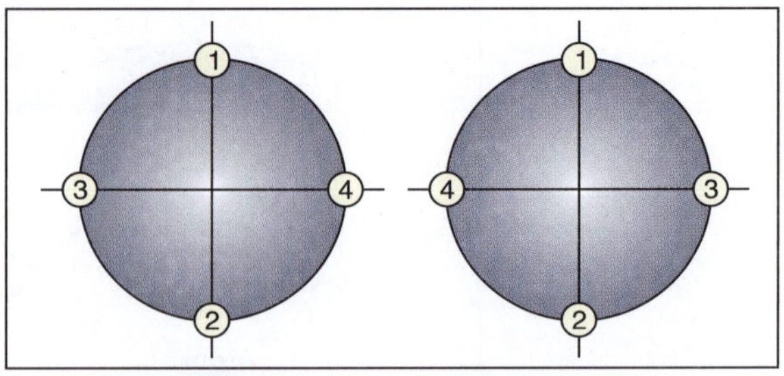

图4-17 车轮螺栓拧紧顺序

三、车轮的检查

1. 车轮轮盘检查

检查车轮轮盘有无压痕、变形和裂纹。如车轮轮盘严重损坏必须更换，见图4-18。

图4-18 车轮轮盘检查

2. 车轮轴承检查

车轮轴承检查的步骤如下：

步骤1	转动车轮检查前轮轴承是否磨损、损坏，有无异常噪音或咔嗒声。
步骤2	转动车轮检查后轮轴承是否磨损、损坏，有无异常噪音或咔嗒声。

3. 车轮螺母

检查车轮螺母是否拧紧，应按规定扭矩重新拧紧，拧紧顺序见图4-19。

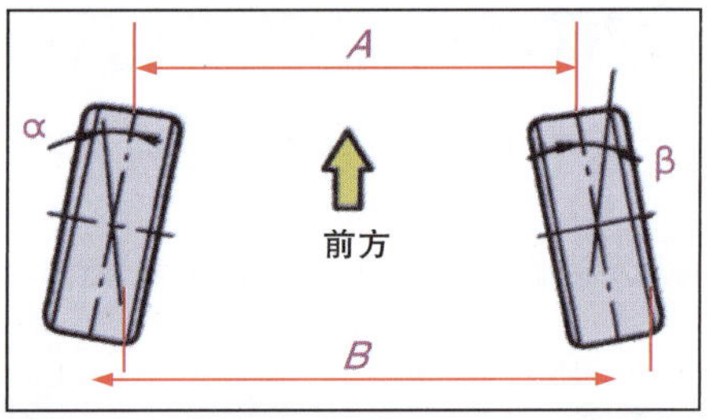

图4-19 测量前束

四、检查调整前轮定位

在检测之前，胎压应符合规定值，车辆必须置于水平地面上，前轮朝向正前方。

1. 前束的调整与测量

前束的调整与测量步骤如下：

步骤1	汽车空载，检查轮胎气压，气压值应符合规定标准。
步骤2	根据光学测试仪需要，将车轮定位做好调整前准备。
步骤3	松开横拉杆左侧锁紧螺母及护套弹性卡环，根据需要拧动前束调整杆调整长度，直至满足规定值要求。
步骤4	紧固锁紧螺母，重新安装好护套弹性卡环。
步骤5	前束调整完成后，检查转向盘应水平，否则松开转向盘锁紧螺母，调整转向盘至水平位置，拧紧转向盘锁紧螺母至规定力矩要求。

前束=B-A，标准值-2mm+2mm；前束=a+β，标准值-10′48″~+10′48″，见图4-19。前束通过调整横拉杆来实现，调整转向横拉杆时先拆卡子，以防止防尘套扭曲，左右两侧横拉杆应均匀调整，横拉杆螺母拧紧扭矩50～55N·m，见图4-20。

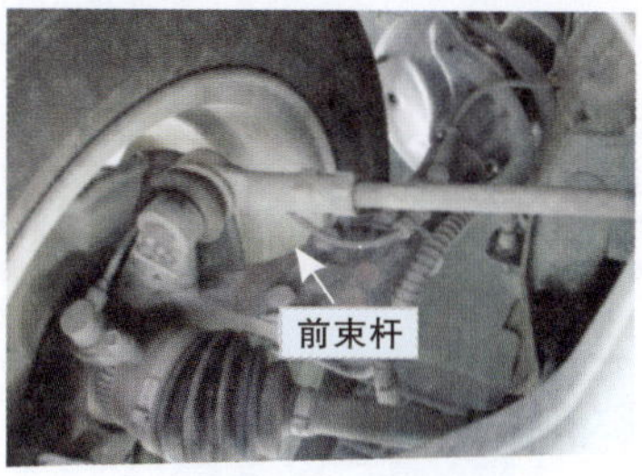

图4-20 调整前束

2. 外倾角调整

正常情况下，独立悬架和车轮轴承壳体装配后不必调整外倾角。如果发现外倾角因其他原因偏离了公差范围，可用独立悬架车轮轴承壳体上的连接螺栓来校正外倾角，使其满足要求。

使用专用工具检测车轮定位，外倾角标准值0° ±30′，后轮外倾角在制造厂已按规定外倾角调整，维修时不需要调整，见图4-21。

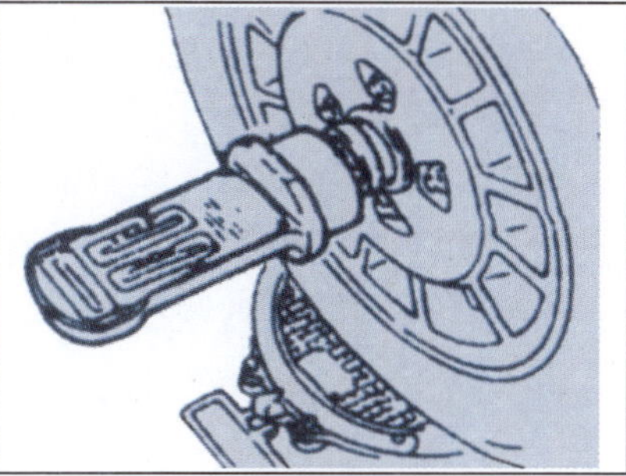
图4-21 调整后轮前束

外倾角调整步骤如下：

步骤1 汽车空载，检查轮胎气压，气压值应符合规定值。

步骤2 根据光学测试仪需要，将车轮定位做好调整前准备。

步骤3 校正外倾角前，可检查行走系统部件有无损坏。

步骤4 若检测发现车轮外倾角超差，可以松开弹簧腿和轮轴承上的螺栓，扳动车轮加以矫正。

步骤5 如果需进一步矫正，可采用更换螺栓来进行车轮外倾角调整，见图4-22。

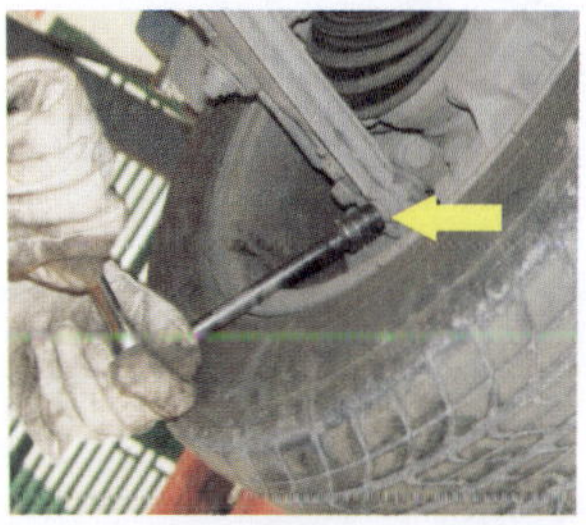
图4-22 调整外倾角螺栓

3. 主销内倾角的调整

主销内倾角在生产时已按标准值调整，在维修时不需要调整，如果主销内倾角超出标准值，应更换弯曲或损坏的部件。

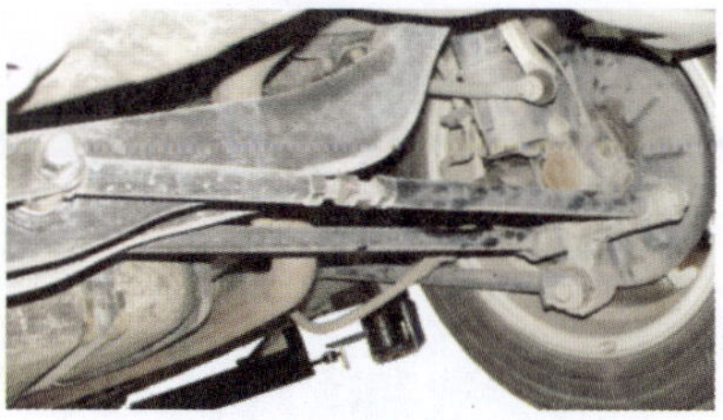
图4-23 调整后轮前束

五、检查调整后轮定位

1. 后轮前束的调整

后轮前束标准值2±2mm，调整时必须对两个车轮，平均调整助力臂螺栓，刻度盘接近于水平2.4mm，见图4-23。

2. 车轮外倾角的调整

后车轮外倾角一般为-30′ ±30′。后轮定位前，确定悬架总成无磨损、松动或损伤，由制造厂家调整过的外倾角不可再进行调整，如外倾角未在规定范围内应更换损伤部件。

情境五：转向系统的保养与维护

汽车在行驶过程中，经常需要改变行驶方向（即转向）。驾驶员通过一套专设的机构使汽车转向桥上的车轮（转向轮）相对于汽车纵轴线偏转一定角度。有时转向轮也会受到侧向力的干扰而自动偏转，改变行驶方向。驾驶员也可以利用这套机构使转向轮向相反方向偏转，使汽车恢复原来的行驶方向。用来改变或恢复汽车行驶方向的专设机构即称为汽车转向系，见图4–24。

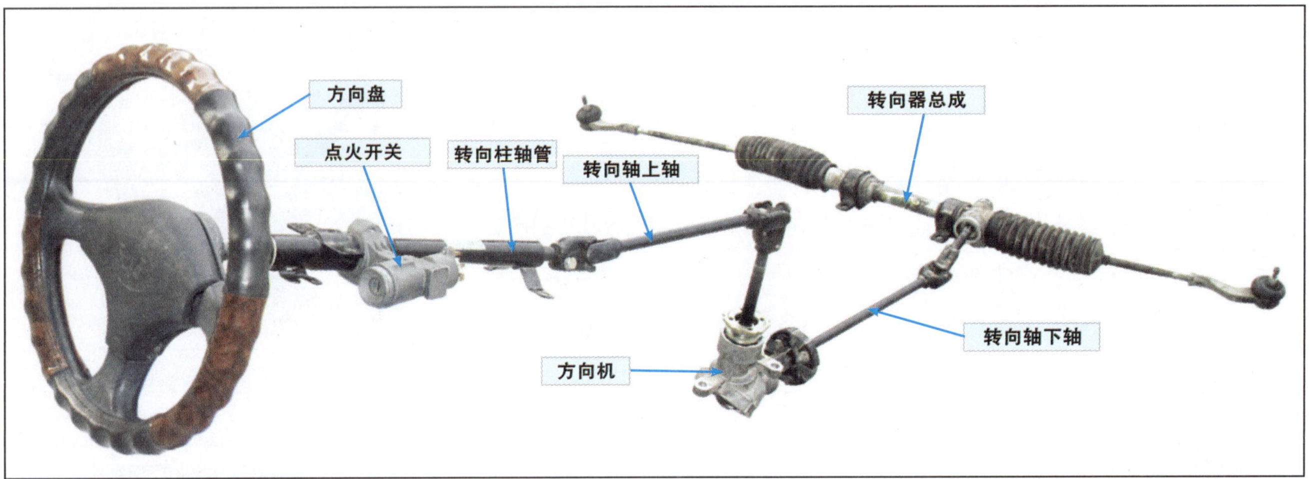

图4–24 转向系统

一、常规检查

常规检查的步骤如下：

图4–25 转向盘游隙检查

步骤1 让汽车保持直线行驶状态检查方向盘的游隙是否恰当，看是否有“咔嗒”声，见图4–25。方向盘游隙“a”：0~30 mm。

步骤2 检查螺栓及螺母：是否已拧紧，必要时重新拧紧。如有损伤部件，应维修或更换。

步骤3 检查转向杆是否松动和损坏。如有损伤部件，应维修或更换。

步骤4 检查转向杆防尘罩和转向齿轮箱罩是否有损坏（泄漏、脱开、撕裂等）如发现有损坏，应用新罩更换，见图4–26。

步骤5 检查转向轴、万向节是否有"咔嗒"声和损坏，如有"咔嗒"声和损坏，应更换新部件。

步骤6 检查方向盘是否能左右转向自如能否自动回位。如果转动不良，应维修或更换。

步骤7 检查螺栓和螺母是否拧紧，必要时，应重新拧紧。如有任何损伤，应维修或更换。

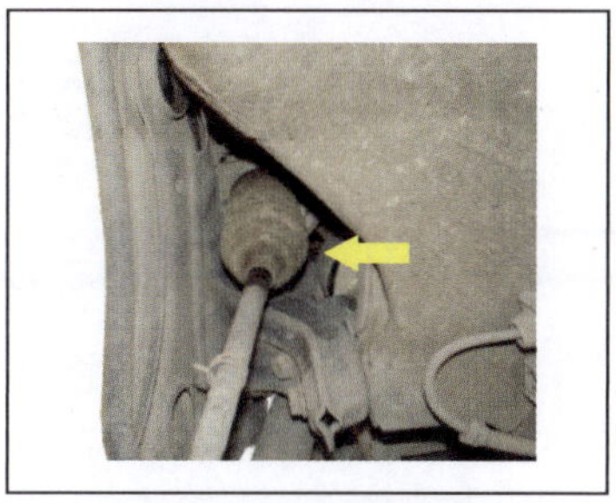

图4-26 防尘套检查

步骤8 检查方向盘是否校准。

步骤9 检查助力转向泵工作情况。

二、转向器的调整

1. 机械转向器的调整

转向器总成经拆装后或在安装了新转向器总成后，须对其进行调整。调整按以下步骤进行：

图4-27 自锁调整螺钉位置图

步骤1 使车轮位于直线行驶位置。

步骤2 将自锁调整螺钉小心地拧进约20°，见图4-27。

步骤3 进行道路试验。

步骤4 转向器如能自行回到直线位置，则把调整螺钉拧松一点。

步骤5 若转向器还有间隙，则将调整螺钉拧紧一点。

三、检查转向盘自由行程

转向盘自由行程的检查步骤如下：

步骤1 将前轮摆正，在转向盘周边加5N的力。

步骤2 向左右方向轻轻转动转向盘，测量转向盘行程，标准自由行程0~30mm。

步骤3 如果自由行程大于标准值，应检查转向轴的连接部位和横拉杆球头的间隙。

四、检查转向角度

转向角度的测量步骤如下：

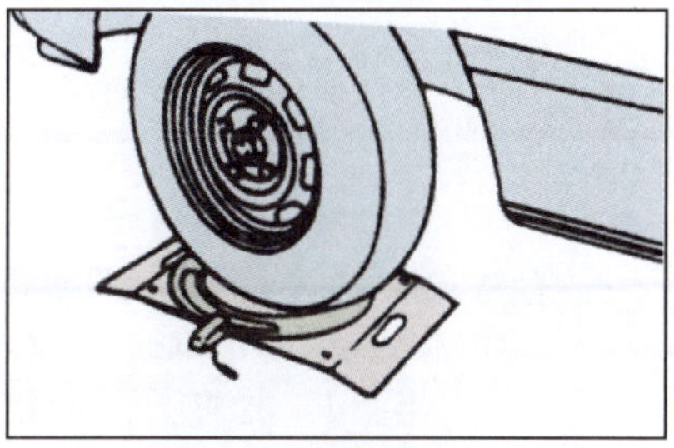

图4-28 测量转向角

步骤1 将前轮置于转角盘上，检查车轮转向角，最大转向时，内侧车轮转向角标准值40.7°±2°，外侧车轮转向角标准值32.4°，见图4-28。

步骤2 若超出标准值，进行前速调整后再测量转向角。

五、检查转向盘制动回位

转向盘制动回位的检查步骤如下：

步骤1 检查转向盘回正力时，无论快慢转动转向盘，左右两侧的回正力都应相同，见图4-29。

步骤2 车速在23~30km/h打转向盘90°，保持1~2s后，放松转向盘应回到70°以上位置，如果快速转动转向盘时可能在瞬间感到转向盘沉重，这不属于故障。

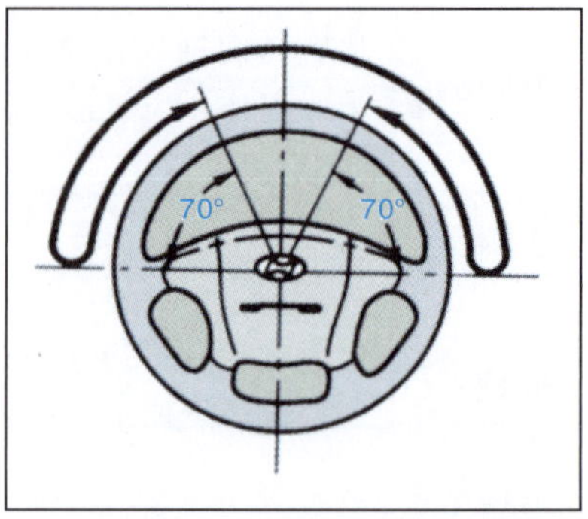

图4-29 检查转向盘回正力

六、检查横拉杆球头预紧力

横拉杆球头预紧力的检查步骤如下：

步骤1 使用专用工具拆下转向横拉杆和转向节。

步骤2 将球头销转动几次后带上螺母检查预紧力，见图4-30。

步骤3 规定预紧力0.5～2.5N·m，如超过应更换横拉杆球头。

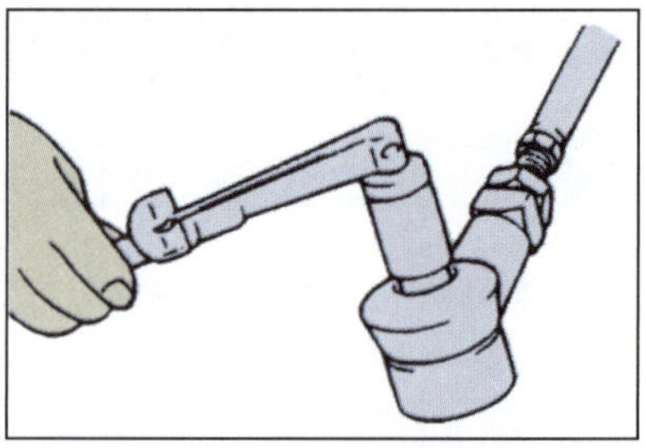
图4-30 检查球头预紧力

七、动力转向油

规定油：PSF-3。

图4-31 检查油面高度

1. 检查油面高度

油面高度的检查如图4-31，步骤如下：

步骤1 将车辆停放在平坦地面。

步骤2 启动发动机，空挡状态下转动转向盘数次，使转向油温上升到50～60℃。

步骤3 在发动机怠速状态下数次转动转向盘至左右极限位置。

步骤4 确认储油罐的转向油是否有泡沫或混浊。

步骤5 检查发动机启动后和停止后的储油罐液面之差，见图4-32。如果油面之差超过5mm应进行排气；熄火后如液面迅速上升说明放气不彻底；如果系统内有空气，助力泵和控制阀会发出噪声，这将降低油泵性能。

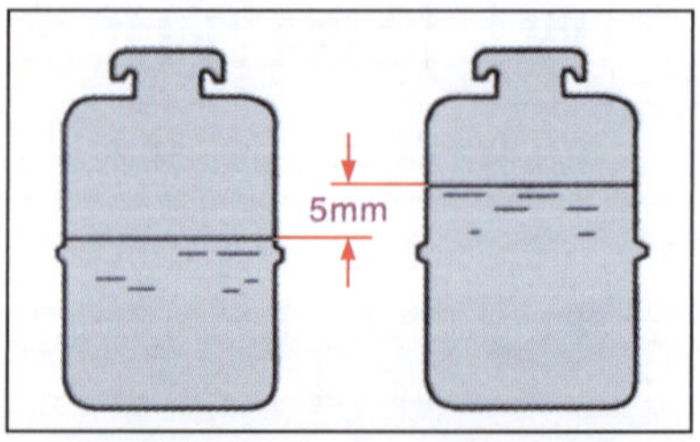

图4-32 动力转向油储油罐

2. 更换助力转向油的方法

步骤1 用千斤顶支起前轮，车下放支撑凳或用举升器将车辆举升。

步骤2 从储油罐上拆下回油管，用塞子堵住储油罐。

步骤3 将回油管插到适当的容器中。

步骤4 拆开发动机高压线，启动电动机的同时反复转动转向盘到极限位置。

步骤5 待转向油放尽后连接回油管，用卡子固定牢靠，储油罐内加入规定型号PSF-3助力转向油，容量大约1L。

步骤6 进行转向系统放气。

3. 对动力转向系统放气的方法

对动力转向系统放气的方法如下：

步骤1 拆开发动机高压线分几次启动电动机，同时转动方向盘到极限位置5～6次（约15~20s），此时观察储油罐中的油面，不能下降到储液罐内过滤器下端，应随时加转向油。如果在怠速状态下放气，有可能空气被油吸收，因此在启动时进行放气。

步骤2 插好高压线后启动发动机。

步骤3 左右转动转向盘，直到储液罐内无气泡，转向盘在极限位置不要超过10s。

步骤4 确认转向油是否混浊，油面高度是否高于规定值。

步骤5 左右转动转向盘时，确定油面高度无变化，如果有变化应重新放气。发动机熄火时油面突然上升，表明系统内有空气。如果系统有空气，从助力泵可以听到噪声，控制阀也发出异常噪声。

驻车制动见图4-33。

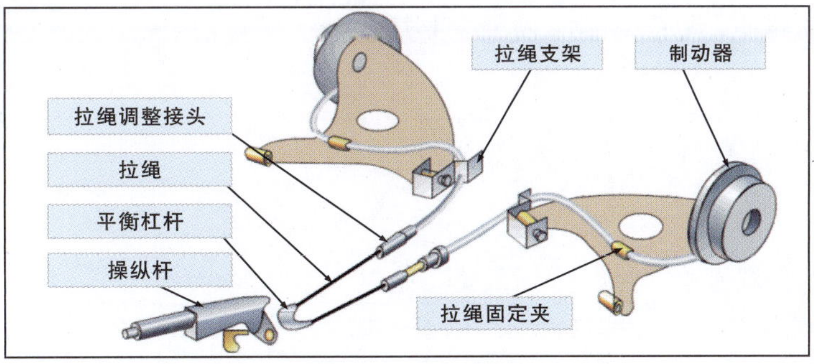

图4-33 驻车制动

注意:

- 储油罐内没有动力转向油时，请不要启动发动机。
- 补充动力转向油时，防止进入灰尘。
- 动力转向油量过少时，方向盘可能转动不顺畅并有异常声音。
- 使用不符合规格的动力转向油，会降低转向器的性能并导致内部装置损坏。

4. 动力转向油油管

要每天检查动力转向油管接头是否漏油、破裂、磨损、扭曲等。

八、动力转向系统的密封性检查

动力转向系统密封性的检查应在热车时进行。检查按以下步骤进行：

步骤1 将转向盘快速向左、右两侧转至极限位置，并保持不动，此时可使系统内压力达到最大值。

步骤2 目测检查转向控制阀、齿条密封、叶片泵（转向助力泵）。油管接头是否有漏油现象，如有渗漏则应更换密封件。

步骤3 检查储油罐中是否缺少转向助力油，如缺少应检查动力转向系统的密封性是否完好。

步骤4 如果动力转向器壳体中的齿轮齿条密封件不密封，助力转向油液可能流入波纹管套里，此时，应拆开转向机构，更换所有密封环。

步骤5 检查动力转向系统的油管接头处是否有渗漏现象，如有应查明原因并重新接好。

九、转向助力泵的压力检查

转向助力泵的压力检查步骤如下：

步骤1 拆下叶片泵的压力管。

步骤2 将管接头VAG1402/1A接到叶片泵上，将检查仪器VAG1402和管接头VAG1402/2连接好。

步骤3 启动发动机，观察储液罐内的液位，必要时添加动力转向器用油。

步骤4 使发动机怠速运转，关闭阀门并读取压力值，该压力值应在8.5～9.5MPa范围内。

步骤5 如果该压力值超过了规定位，则必须更换叶片泵。

情境六：制动系统的保养与维护

汽车的制动系统是在车辆行驶过程中，使车辆减速甚至停车，使下坡的速度保持稳定，以及使停驶的车辆保持不动的系统。汽车制动性能是汽车安全行驶的重要保证，为此，对汽车制动系统提出了许多严格的要求。

制动系统一般由常规制动和驻车制动两部分组成，见图4-34。

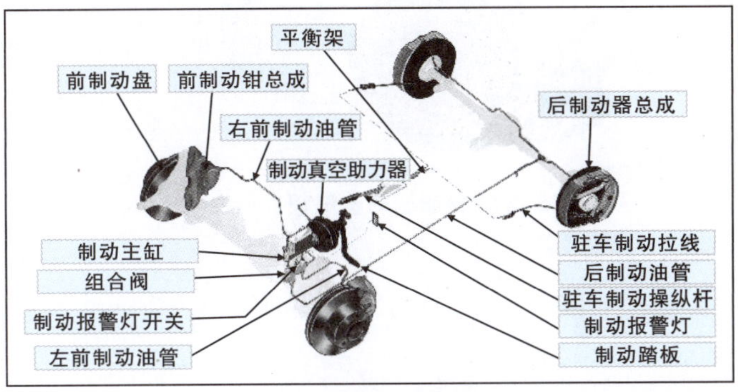

图4-34 制动系统

一、制动踏板自由行程的检查

关闭发动机踩几次制动器，用手下压制动踏板，有阻力时制动踏板移动的距离即为自由行程，见图4-35。

图4-35 制动踏板自由行程

下压制动踏板，有阻力式制动踏板移动的距离即为自由行程。

制动踏板自由行程的检查步骤如下：

步骤1 拧松制动灯开关螺母，调整制动灯开关与制动踏板间隙，规定间隙为0.5~1.0mm，然后拧紧制动灯开关自锁螺母。

步骤2 检查制动踏板自由行程“A”，规定自由行程3~8mm。

步骤3 启动发动机，用500N的力踩制动踏板，测量制动踏板与地板之间距离“B”，规定值75mm或以上，见图4-36。

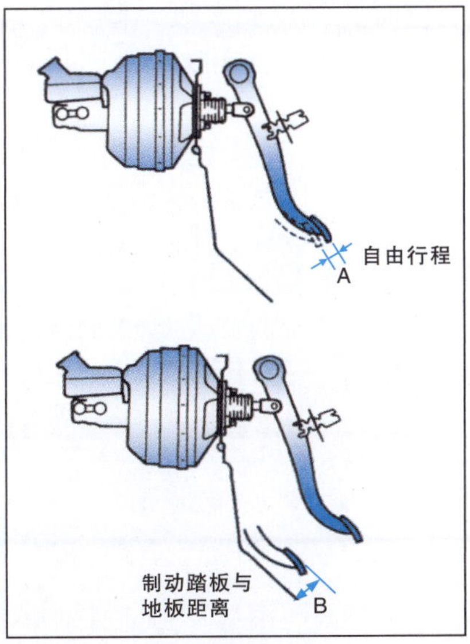

图4-36 制动踏板的检查

二、检查制动盘厚度

制动盘厚度的检查步骤如下：

步骤1 卸下车轮及卡钳，但不能将制动软管从钳上取下。

步骤2 检查盘式制动垫及制动盘有无过度磨损、损坏，必要时，应更换，见图4-37。卡钳销螺栓的拧紧扭矩应满足技术要求。

步骤3 距制动盘端面外边缘10mm位置，沿圆周8个等分点，用千分尺测量制动盘厚度。

步骤4 制动盘厚度标准值24.5mm，极限值22.4mm，8个测量值中厚度之关不能大于0.005mm，见图4-38。

图4-37 检测制动盘磨损

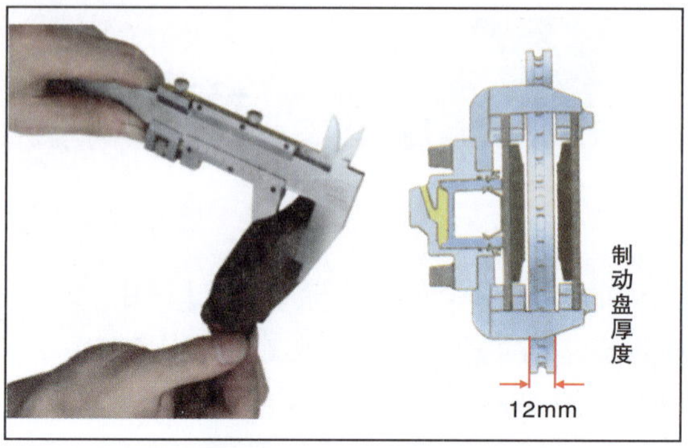

图4-38 检测制动盘的厚度

步骤5 若制动盘厚度超过极限，必须更换制动盘。如果厚度之差超过规定值，应更换制动盘或车削制动盘。

注意:

当脚踩制动踏板时，前制动器发出噪声，应检查制动垫摩擦衬片是否磨损。如已磨损，左、右制动垫均应更换。

三、真空助力器的检查及制动系统排气操作

1. 助力性能的检查

真空助力器失效后，驾驶员会感到制动效能下降，在踩踏制动踏板时，会感到发硬，阻力明显加大，这时应及时更换助力器总成。检查真空助力器（见图4-39）的好坏还可按以下快捷方法进行判断：

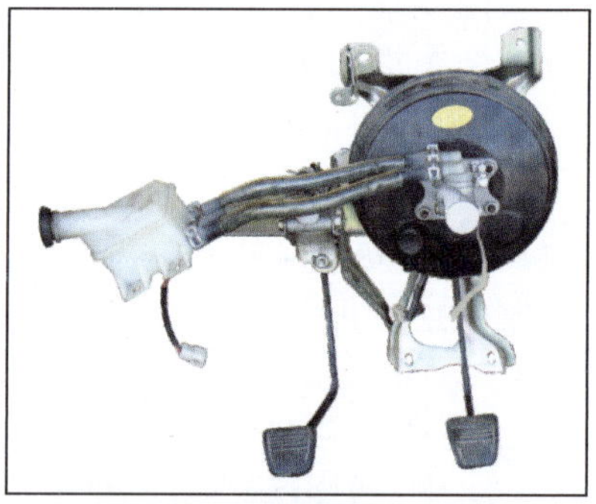
图4-39 真空助力器总成

步骤1 发动机运转1~2min后关闭，按正常力量踩下制动踏板若干次，使真空助力器的内部真空消耗掉。最初踩下时能完全踩下，随后制动踏板高度逐渐上升，说明真空助力器工作正常。

步骤2 启动发动机，若制动踏板感到有明显的自动下沉（增力作用），则说明该真空助力器功能正常；若制动踏板毫无反应，无增力作用，则说明该真空助力器已经失效，应予以更换。更换助力器总成时，应同时更换密封垫。助力器总成及制动主缸固定螺母的拧紧力矩为20N·m。

步骤3 发动机运转时踩下制动踏板，然后关闭发动机，在30s内制动踏板高度无变化，表明真空助力器工作正常。

上述试验中任一项试验结果不符合要求，应检查真空管、阀及助力器等损坏情况。三项试验结果全部符合要求，说明真空助力器性能良好。

2. 助力器真空管单向阀的检查

真空助力器单向阀装在真空管内，如果单向阀失效后，驾驶员会感到制动踏板发硬，有踏不到底的感觉，且伴随制动性能明显下降。

检查单向阀时，按阀体上的箭头方向吹压缩空气应能通过；反向则不通过。也可用嘴吸法检验其单向通过性。单向阀密封不良时，应更换真空管总成。

3. 对制动系统放气的步骤

对制动系统放气的步骤如下：

步骤1 拧下制动液罐盖，加满制动液，见图4-40，注意勿将制动液滴在车身上，如车身油漆沾上制动液应立即清洗干净，以免腐蚀油漆。

步骤2 按照图4-41的顺序对各车轮分泵放气。

图4-40 补充制动液

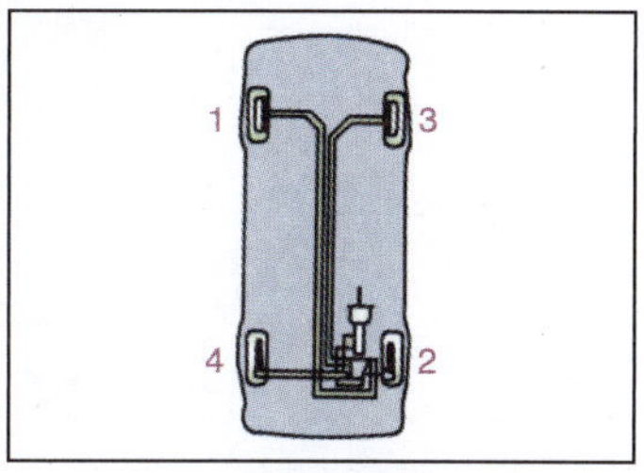

4-41 车轮分泵放气顺序

步骤3 在制动分泵放气孔上插上软管，将另一端插入容器中。

步骤4 一名操作者在车上踩若干次制动踏板。

步骤5 在踩住制动踏板的情况下，另一名操作者拧松放气螺塞，直到流出制动液时再拧紧，然后抬开制动踏板。

步骤6 按步骤4、步骤5重复进行，直到放气孔中无气泡流出，按规定扭矩7~13N·m拧紧放气螺塞。

四、制动器的检查

汽车制动器（见图4-42）的维护保养工作一般开始于两个比较简单的检查项目，而且这两个检查项目仅通过眼睛观察就可完成。

1. 制动器报警装置的检查

制动器报警装置的检查步骤如下：

步骤1 首先打开防护罩，查看一下制动主缸的液面高度，看看主缸内制动液的液面是不是很低。

步骤2 在许多车辆中，仪表板上的制动警告灯都被非常准确地校准过，以便能够真实地反映出制动液液面的变化情况。一辆新车的制动器制动主缸的储液罐都是加满了制动液的。当制动衬垫出现磨损后，主缸储液罐的液面就会降低。假如这时没有给储液罐添加制动液，那么在制动衬垫快达到它的使用寿命之前，警告灯应该会闪烁。车主在看到制动警告灯闪烁时，就应该及时把他们的车辆送到维修厂进行制动器的维护保养。

2. 驻车制动器检查

首先将车开到平坦路面上静止状态下拉紧驻车制动杆，听一听在驻车制动被可靠地向上提起后发出了多少次的“咔哒”声，并看看制动器的踩下高度是否过低。

如果制动杆在被可靠地施加上之前驻车制动灯就点亮，这就意味着后轮制动可能出现了问题。此时就需要对制动器进行一些检查和维护，因为后轮制动摩擦片或者制动蹄已经磨损。

如果踩下制动踏板比正常使用时要低一些，说明后轮制动摩擦片或制动蹄已过度磨损。因为踩下制动踏板时，在后轮开始制动前，制动钳或轮缸活塞要运动一段比正常使用更远的距离。

检查时，首先卸下后轮，然后检查后轮制动器和驻车制动装置，以确定是什么使驻车制动不能进行自调。

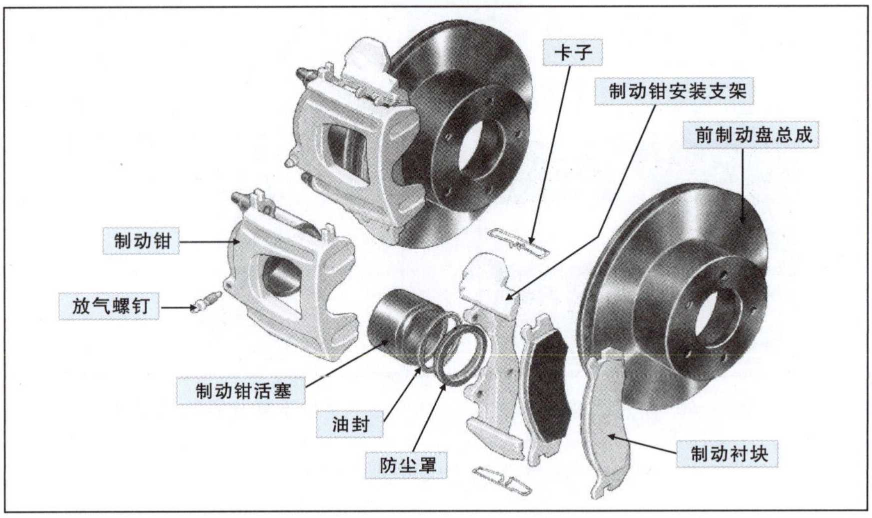

图4-42 制动器结构

五、驻车制动手柄与拉锁的检查

1. 检查并调整驻车制动手柄行程

调整驻车制动手柄行程的检查步骤如下：

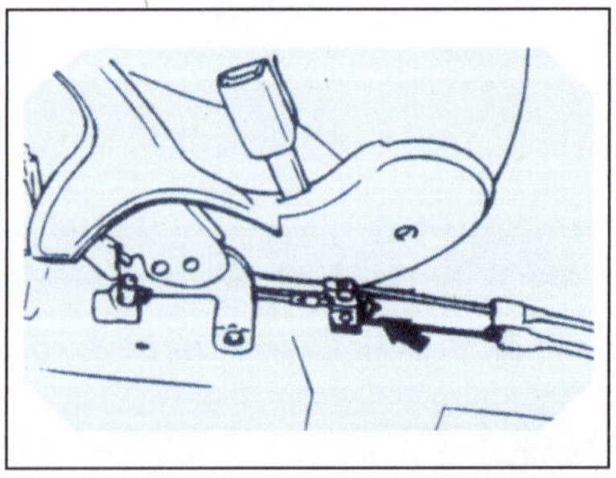

图4-43 松开驻车制动拉线调整螺母

步骤1	松开驻车制动拉线调整螺母，按逆时针方向旋转，见图4-43。
步骤2	踩制动踏板20次。
步骤3	拧紧驻车制动拉线调整螺母。
步骤4	用196N的力拉驻车制动手柄，规定行程：8~9扣。
步骤5	若不符合行程规定，调节平衡器上调节螺母。
步骤6	完全松开驻车制动手柄，驻车制动指示灯应熄灭，拉动后应点亮，如指示灯不亮时应检查灯泡和线路。
步骤7	将拉线调节后，松开驻车制动手柄，检查后轮制动器是否正常。

2. 驻车制动手柄与拉索检查

驻车制动手柄与拉索的检查步骤如下：

步骤1 检查驻车制动手柄齿尖是否损坏或磨损。如发现损坏或磨损，应更换驻车制动手柄。

步骤2 检查驻车制动手柄的操作及行程是否正确。必要时，应作调节。
"A"：驻车制动手柄行程，见图4-44。
4~7个齿［在施加20kg（40lbs）拉力时］

步骤3 检查制动拉索是否损坏，移动是否顺畅。如果有损伤，应更换。前轮制动管路，见图4-45。

图4-44 驻车制动手柄

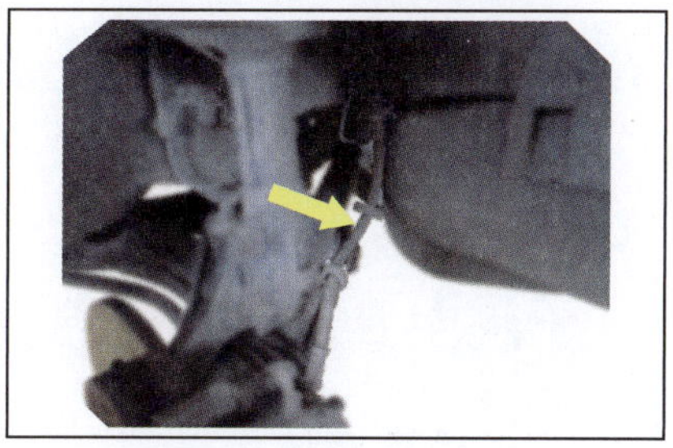

图4-45 前轮制动管路

六、检查制动管路

制动总泵为双活塞串连式，与分泵X型（对角线）连接，下面两图分别是不带ABS（图4-46）的制动管路图和带ABS（图4-47）的制动管路图。

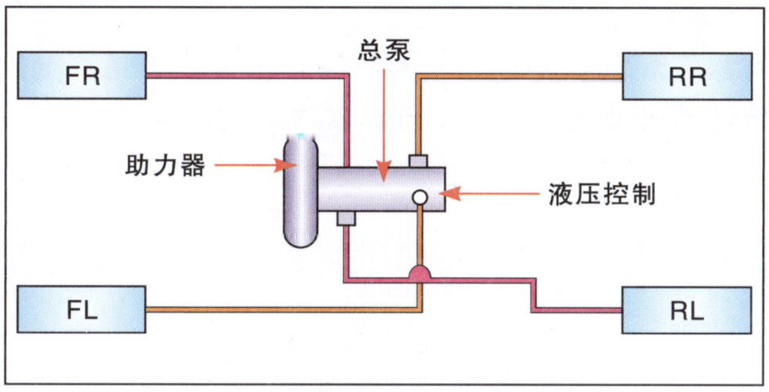

图4-46 制动管路图（不带ABS）

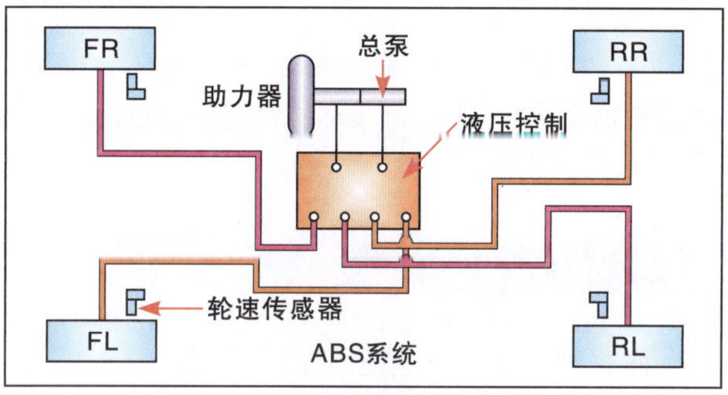

图4-47 制动管路图（带ABS）

执行检查时，应有足够的光亮（图4-48）。必要时，应使用检查镜，检查步骤如下：

步骤1 检查制动管是否裂开、折叠和腐蚀。

步骤2 检查制动软管是否裂开、损伤或漏气。

步骤3 检查制动软管连接螺母是否损伤或漏气。

步骤4 检查所有管夹是否夹紧，接头有无泄漏。

步骤5 安装制动软管，不允许扭曲。

步骤6 制动管不要与焊点或移动部件接触。

步骤7 按规定扭矩拧紧制动管接头，喇叭口螺母13~18N·m，制动管与前制动分泵25~30N·m。

图4-48 制动管路的检查维护

注意：

更换任何制动油管和软管后，必须进行排气操作。

七、制动液检查与更换

应定期检查制动油储油罐内的制动油量，见图4-49。油面应在制动油储油罐侧面[MAX]与[MIN]标记之间。若油面低于[MIN]标记，需补充制动油。

规定油：耐高寒高级3种制动油。

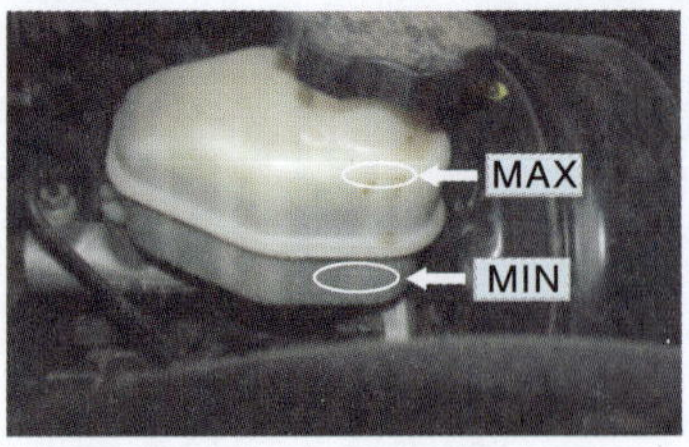

图4-49 制动液液位检查

1. 检查（一级维护操作）

（1）泄漏检查

查看制动总泵与储液箱周围有无泄漏。如发生泄漏，应立即维修。

（2）检查液位

查看液位是否低于储液箱最低液位（“MIN”位线），如液位低于最低液位应重新加注。应用规定的制动液加注。

注意:

由于汽车在出厂前就加注了制动液，并在储液箱盖上已注明，如再加注时，应使用同样的制动液，否则会发生严重的损坏。不能使用过期的、用过的制动液，或未密封容器内的制动液。

2. 补充制动液

补充制动液的步骤如下：

步骤1 首先，清除制动液储液罐盖周围的污物后，打开制动油储油罐盖。

步骤2 缓缓倒入推荐的制动液，切勿超量倒入。

步骤3 拧紧制动液储液罐盖。

3. 更换（二级维护操作）

按下述要求更换制动液。（见图4-50）

将制动系统内现存的制动液完全排尽。用上述推荐的制动液加注，然后进行排气操作。

图4-50 加注制动液

警告

制动液如果进入眼中会导致视力下降，且制动油能损坏漆面，所以在制动油沾到车体漆面上时即刻擦拭。

注意:

·如果制动液总是不足，请检查制动系统是否异常，如发现异常情况请到特约销售服务店和特约服务站检查并进行维修。

·如果使用不纯净的制动液或混合使用不同的制动液，会对系统产生很大的影响。所以使用时请注意。

·制动液应保存在密封容器内，防止湿气和灰尘进入制动液内造成制动系统损坏和工作不良。

·补充制动液后应盖好制动液储油罐盖，以防止制动液流出。如果发现制动液流出赶紧擦掉，否则会损坏塑料制品部件。

·请注意，不要将制动油溅洒到车体的喷漆表面上。

·不能长时间与大气接触，以免影响制动液品质，不能使用。

八、检查前制动片厚度

前制动片厚度的检查步骤如下：

步骤1 拆下车轮。

步骤2 从分泵检查孔查看摩擦片厚度（见图4-51），标准值（不包括制动片钢板）10.75mm，极限值2.0mm。

图4-51 制动片

九、前制动盘偏摆量的检查与校正

1. 检查前制动盘偏摆量

前制动盘偏摆量的检查步骤如下：

步骤1 拆卸制动钳支撑螺栓，然后向上提起制动钳总成。

步骤2 检查制动盘表面是否有凹槽、裂纹和生锈，清洁制动盘，去除所有灰尘。

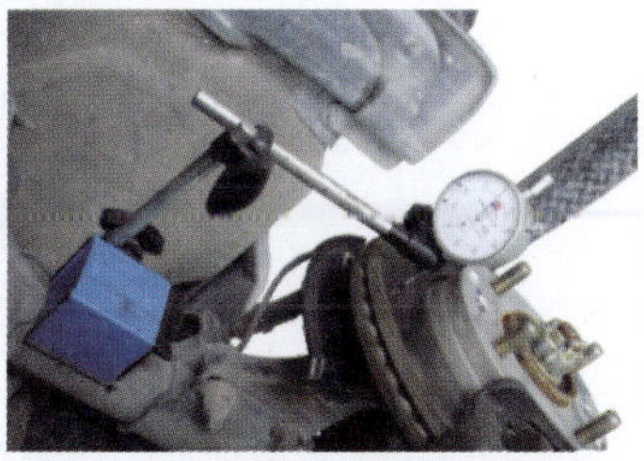

图4-52 前制动盘偏摆量检查

步骤3 在离制动盘端面最外大约5mm处，放置百分表顶尖，见图4-52。转动制动盘，测量端面摆动量，极限值是0.03mm。测量时要拧紧制动盘与轮毂连接的螺母，以保证测量准确。

2. 校正前制动盘偏摆量

前制动盘偏摆量的校正步骤如下：

步骤1 如果制动盘端面摆动量超过极限值，可进行校正。

步骤2 在拆卸制动盘之前，用粉笔在最大摆动处做标记。

步骤3 拆下制动盘后，在轮毂上安装百分表，边转动边轴向方向移动轮毂，测量轮毂端面摆动量，极限值是0.02mm，若超过极限值应拆下轮毂检查每个零件，见图4-53。

步骤4 若轮毂摆动量在极限之内，可将制动盘的标记转过180° 进行安装，然后再测量制动盘的端面摆动量。

步骤5 如果摆动量仍不合格，应更换制动盘或车床车削制动盘。

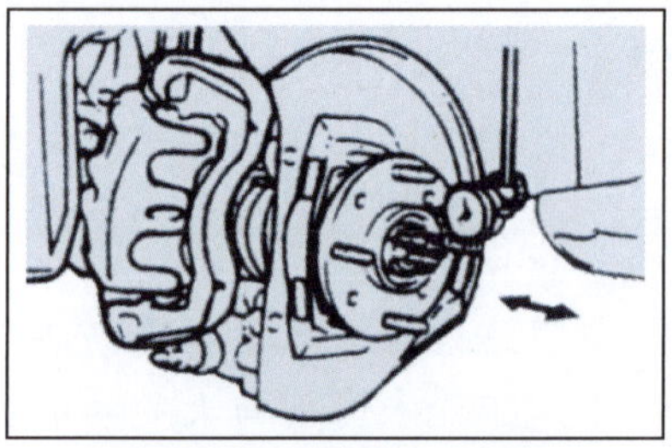

图4-53 测量轮毂端面摆动量

十、后制动鼓与制动蹄片的检查

后制动鼓与制动蹄片的检查步骤如下：

步骤1 拆下车轮与制动鼓。

步骤2 检查后制动鼓与制动器摩擦面有无过度磨损，损坏。在卸下车轮与制动鼓的同时，应检查制动分泵有无泄漏。必要时，应更换。制动鼓内径标准值：180mm，极限值：181mm；制动蹄片厚度极限值：2.5mm，见图4-54。

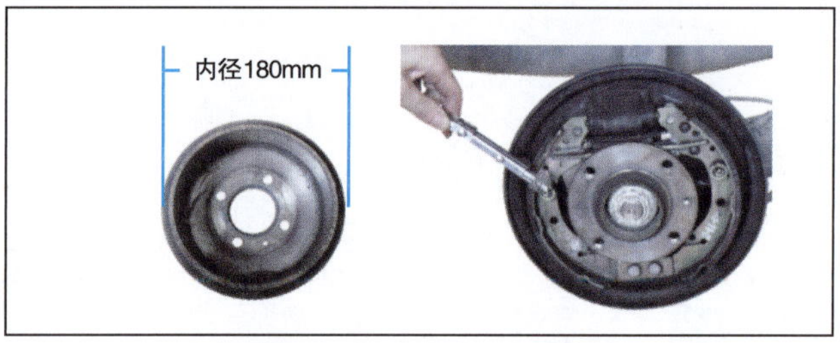

图4-54 后制动器检查维护

十一、车轮转速传感器输出电压的检查

车轮转速传感器输出电压的检查步骤如下：

步骤1 检查车轮转速传感器（见图4-55）与齿圈之间的间隙是否合乎标准值。前轮：1.10~1.97mm；后轮：0.42 ~ 0.80mm。

A）轮速传感器　b）前轮轮速传感器位置　c）后轮轮速传感器位置

图4-55 轮速传感器

步骤2 将车升起使轮胎离地，松开手制动器。

步骤3 拆下ABS车轮转速传感器线束插头，并测量。

步骤4 以每秒1/2转的速度转动车轮，用万用表测量输出电压：前轮70～310mV，后轮>260mV。

十二、ABS系统的检查

1. ABS前、后轮传感器齿圈检查

当后轮轴承损坏或轴承径向跳动量过大时，会影响后轮转速传感器的间隙，因此须定期检查。

步骤1 将轿车升起离地，用双手转动前、后轮，检查前、后轮摆动是否正常，见图4-56。如果前、后轮摆动过大，则要检查前、后轮轴承的径向跳动。标准值：前轮<0.3mm，后轮≤0.05mm。

步骤2 如果后轮轴承径向跳动量过大，则需通过调整螺母调节后轴承间隙，或更换损坏的后轴承。

步骤3 如果齿圈变形或有严重磨损痕迹则应更换后轮齿圈。

步骤4 如果后轮齿圈被脏物堵塞，应消除齿圈空隙中的脏物。

图4-56 检查前后轮轴承

2. 用诊断仪给ABS的制动系统排气方法

对制动系统放气应经常进行，保证气体排除ABS液压控制系统、制动管路、制动总泵和分泵，使之充满制动液。

步骤1 排气顺序为右后轮、左前轮、左后轮、右前轮，见图4-57。

步骤2 拧下储液罐盖，加满制动液，注意不要使制动液沾在油漆上，如沾上应立即清洗。

步骤3 把放气管连接在制动分泵放气孔上，另一端插入装有一些制动液的容器内，见图4-58。

步骤4 把诊断仪Hi-Scan检测插头连接到诊断座。

步骤5 选择现代伊兰特车辆诊断，选择防抱死制动系统，选择放气模式。

步骤6 按“YES”键，操作回流泵转动和电磁阀关闭。

步骤7 再按“YES”键，就可以放气。注意电机转动时间不要超过60s，以保护电机不被损坏。反复几次踩制动踏板，踩住不动时松开放气螺塞，直到制动液流出并无气泡流出时拧紧放气螺塞。

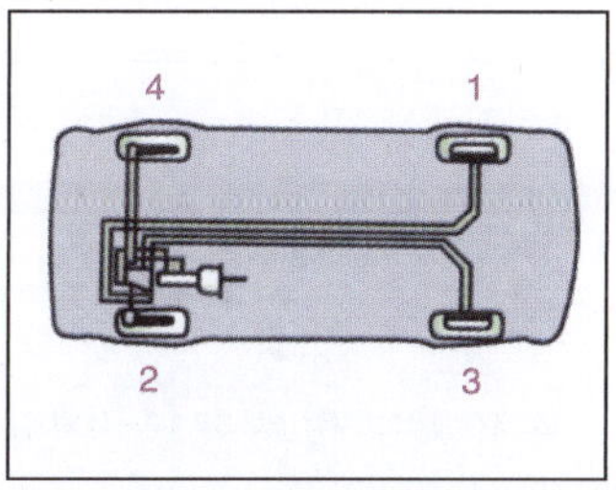

图4-57 制动分泵连接放气管顺序

图4-58 连接放气管

步骤8 按（7）的方法重复几次，直到放气孔中没有气泡流出，以规定转矩7~13N·m拧紧放气螺塞。

课题小结

1. 离合器安装在发动机与变速器之间，汽车从启动到行驶的整个过程中，经常需要使用离合器。它的作用是使发动机与变速器之间能逐渐接合，从而保证汽车平稳起步；暂时切断发动机与变速器之间的联系，以便于换挡和减少换挡时的冲击；当汽车紧急制动时能起分离作用，防止变速器等传动系统过载，起到一定的保护作用。

2. 手动变速器是指通过拨动变速杆改变变速器内的齿轮啮合状态，改变传动比，从而达到变速目的的一种变速器。

3. 自动变速器是指根据发动机转速、动力传动载荷、车速和其他操作因素自动改变变速器内齿轮啮合状态，改变传动比，从而达到变速的目的。

4. 驾驶员通过一套专设的机构使汽车转向桥上的车轮（转向轮）相对于汽车纵轴线偏转一定角度。有时转向轮也会受到侧向力的干扰而自动偏转，改变行驶方向。驾驶员也可以利用这套机构使转向轮向相反方向偏转，使汽车恢复原来的行驶方向。

思考与练习

填空题

1. 每次拆卸离合器油管、离合器软管、离合器总泵、或者踩下离合器踏板感觉海绵状时应对离合器液压系统__________。

2. 液力自动变速器由__________、__________和__________三部分组成。

3. 测量控制管路中的______，用来判断各种泵、阀的工作性能的好坏，以便调整或换件修理。

第五部分

汽车车身的保养与维护

情境一：汽车门锁、雨刮器的保养与维护

一、汽车锁匙的保养与维护

1. 发动机舱盖锁的调整

发动机舱盖锁的调整步骤如下：

步骤1 用带垫圈的螺栓换下定心螺栓。

定心螺栓是发动机舱盖铰链固定螺栓，不换下定心螺栓就无法调整发动机舱盖，故应用带垫圈的螺栓将定心螺栓换下。

步骤2 拧下发动机舱盖侧面铰链螺栓，沿前后方向和垂直方向调整发动机舱盖，见图5-1。

步骤3 转动弹性垫，调整发动机舱盖。

步骤4 拧松盖锁上的固定螺栓，调整发动机舱盖锁。

前机舱盖锁的调整以保证前盖周边间隙均匀，为9±1mm，上下高度均匀一致；前机舱盖锁螺栓拧紧力矩为14±2N·m，见图5-2。

2. 行李箱盖锁的调整

行李箱盖锁的调整步骤如下：

步骤1 松开连杆，取出夹扣并分离电机插头，见图5-3。

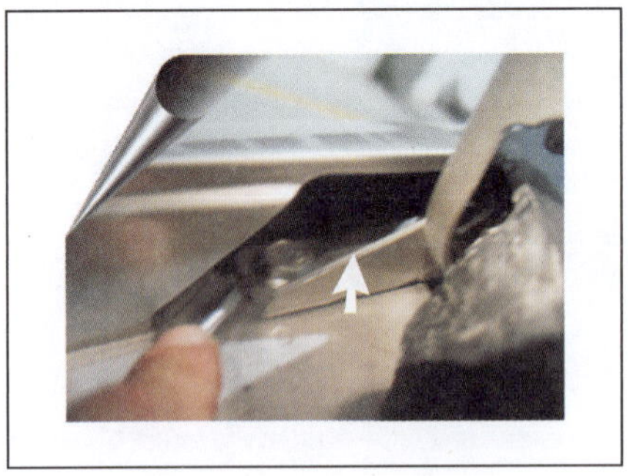

图5-1 拧松铰链螺栓

图5-2 拧紧发动机盖锁螺栓

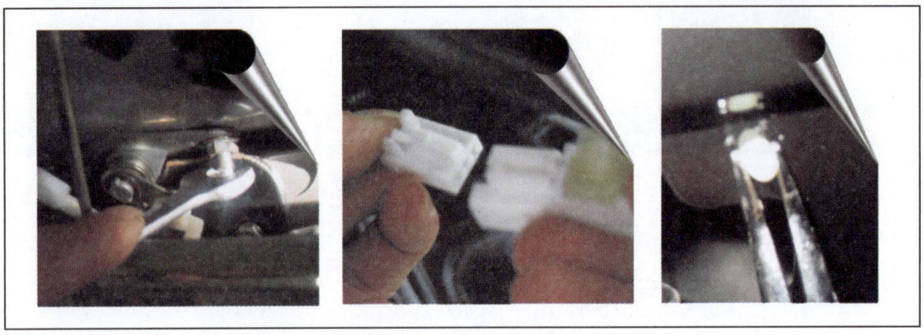

图5-3 松开连杆，取出夹扣分离电机插头

步骤2 松开门锁的两颗螺钉并取下行李箱锁。

步骤3 拆下牌照。

步骤4 拆下牌架上的四颗固定螺栓及一颗钉并取下架，见图5-4。

图5-4 取下行李箱锁拆下牌照

步骤5 松开亮条上的固定螺钉取下亮条并调整门锁闩眼。用锤子和铜棒轻轻敲击闩眼，进行调整。扭矩：5.4N·m（55千克力厘米，48磅力英寸），见图5-5。

图5-5 拧紧行李箱盖锁螺栓

3. 车门锁的调整

车门锁的调整步骤如下：

步骤1 拆锁控制装置，拆锁时，取下控制装置与锁装置间的固定卡。位于锁安装位与门锁电机的手动锁装置及连杆是用同样的卡子耦合的。

步骤2 调整门锁闩眼。

①先用胶带缠住螺丝刀尖。
②检查车门应贴合，门锁连杆应调整正确。
③将闩眼装配螺钉稍稍拧松，用锤子敲打闩眼。借以调整闩眼位置，然后再拧紧闩眼装配螺钉。
④装上闩眼盖。

步骤3 装锁，步骤与拆卸时相反。侧锁机构螺钉拧紧力矩为7.2±0.7N·m，见图5—6。

注意

在调整过程中，若门不能关好，与外壳不匹配，可以调整锁相应碰版的位置可解决此问题。

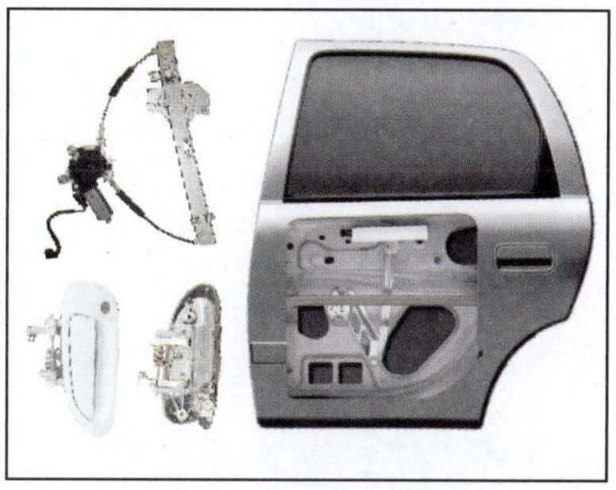

图5-6 车门锁总成

二、雨刮器的保养与维护

1. 检查雨刮器

经常检查雨刮器片的工作情况及磨损状态。

更换雨刮器片时，压下并分离弹簧夹后拔出雨刮器片即可。

拆卸雨刮器臂时，把雨刮器片向外翻后提起雨刮器盖，拧下螺母，左右转动雨刮器臂并从操纵臂上拆下，按原来的角度安装新的雨刮器臂，见图5—7。

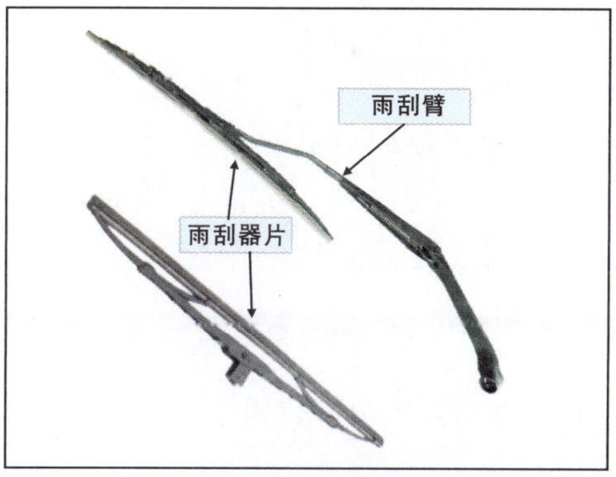

图5-7 雨刮片及雨刮臂

2. 拆装雨刮器

雨刮器片的拆卸步骤如下：

步骤1 竖起雨刮器臂，为更换雨刮器片做准备。

步骤2 一只手抓雨刮器片，另一只手按住雨刮器片固定杆，从雨刮器片固定装置上分离雨刮器片。

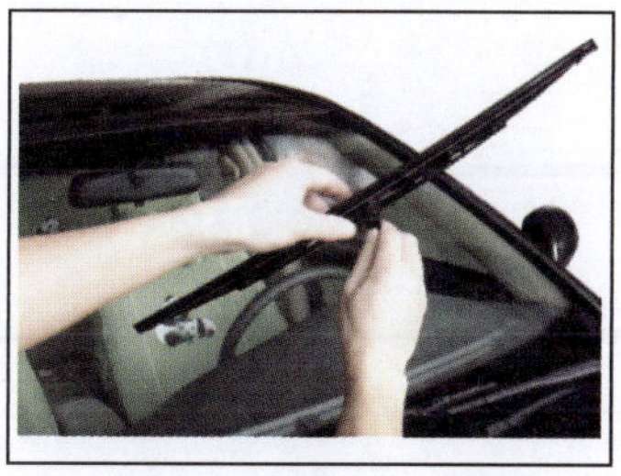

图5-8 雨刮器片的拆卸

步骤3 向下移动雨刮器片后，拆卸雨刮器片，见图5-8。

雨刮器片的安装步骤如下：

步骤1 把新的刮水器片水平放置后将固定杆朝下，然后将雨刮器片孔对准固定杆并向下插入，见图5—9。

图5－9 雨刮器的安装

注意

·雨刮器片在分离状态时，注意避免雨刮器臂碰到挡风玻璃，以免玻璃破损。

·汽车型号不同雨刮器片的型号也不同，更换时请注意。

图5－10 雨刮器的安装

步骤2 把雨刮器片朝上推到最高位置，然后把同定杆安装到雨刮器臂上。听到“卡塔”声为止，这说明安装位置是正确的。

为了防止损伤雨刮器片，不要用汽油、燃油或其他清洗剂清洗挡风玻璃，见图5—10。

3. 雨刮清洗液的检查

始终在清洗液箱中充满良好的清洗液并经常检查清洗液量。

①切勿在没有清洗液的情况下操作喷水器装置，否则会损坏喷水电机。

②夏季可以使用自来水，但冬季应该用防冻清洗液来代替。

③切勿使用发动机防冻液，因为如果发动机防冻液喷到车体上会破坏保护层，见图5-11。

图5－11 清洗液的检查

注意

当在清洗液不足时使用喷水器，可能会损坏喷水电机。

警告

切勿把发动机冷却液或防冻液放入清洗液箱中。这些液体喷到玻璃上会挡住视线，喷到车体上会破坏汽车的保护层。

情境二：电动车门窗、天窗的保养与维护

一、电动车门窗的保养与维护

电动车窗系统是由车窗、玻璃、车窗升降器总成、开关等装置组成，见图5-12。

电动车窗最主要的组成是车窗升降机。

电动车门窗玻璃的污损不仅影响外观，还会影响视野，过分脏污更会影响到电动机开关车窗的动作，以致影响到汽车行驶。

为防止雨水流入，车内窗框上附有橡胶带，这也是与玻璃经常接触的地方。玻璃污损后，与橡胶带的摩擦增大，开关也会受到影响，因此玻璃需经常保持干净。

电动开关车窗动作不顺畅的原因，大多数为车门内部升降机里的机油耗尽，应取下内盖加上机油。若是玻璃完全不能上下，则有可能是开关故障，如果是开关的故障，只能更换电动机。

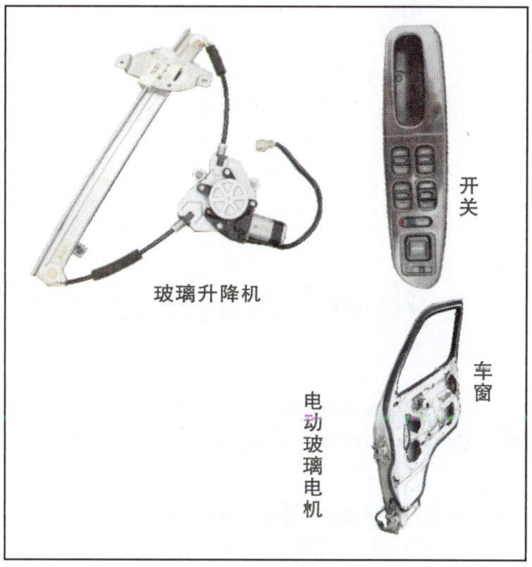

图5－12 电动车窗总成

电子装置如果失灵，应检查保险丝，仔细检查电动车窗的那条熔丝。

电动车窗开关的耗电量很大，在慢车行驶时开窗的那一瞬间甚至会使发动机声音发生变化，所以蓄电池容量较小的汽车，注意不要将车窗同时开或关，以免影响蓄电池的供电。

下面就介绍一些电动车窗保养注意事项：

注意事项1

电动开关车窗动作不顺畅的原因多为车门内部升降机里的机油耗尽，应取下内盖加上油。

注意事项2

若是玻璃完全不能动作，则有可能是开关故障。如果是开关的故障，只能更换。

注意事项3

电子装置如果不动作，检查保险丝是一般常识。仔细检查哪一条保险丝是用于电动车窗的。

注意事项4

开关的动作情况变差，车窗也不能顺利开启的时候，开关发生故障的可能性很高。

注意事项5

为内部机械装置加油之前，首先取下内盖。取下隐蔽螺丝钉、拆下快动开关即可。

注意事项6

取下内盖，剥开下面防水用的塑料纸，露出车窗的升降机关。

注意事项7

在臂支点、齿轮的内部喷上油脂。一边上下移动，一边喷涂就可以使很细小的部分也能涂上。

注意事项8

支撑玻璃两端的滑块部分也需要检查。玻璃与导热的滑动状况差时，可涂上增亮剂。

注意事项9

为使玻璃顺利滑动，重要的是尽量减少阻力。玻璃的污损也会成为阻力，应经常保持车窗的洁净。

二、电动天窗的保养与维护

1. 电动天窗的维护注意事项

电动天窗总成，见图5-13。

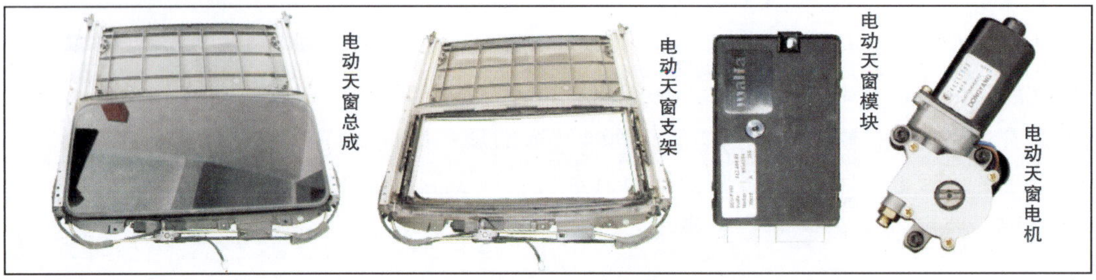

图5－13　电动天窗总成

电动天窗的维护注意事项：

注意事项1

对于手动天窗，有许多故障是使用者人为因素造成的，如锁扣或摇柄不慎拧反方向而对天窗造成的损害，见图5-14。

注意事项2

对于电动天窗，在颠簸的道路上最好不要完全滑开天窗，否则可能因天窗和滑轨间的振动太大而引起相关部件变形，甚至损坏电机，见图5-15。

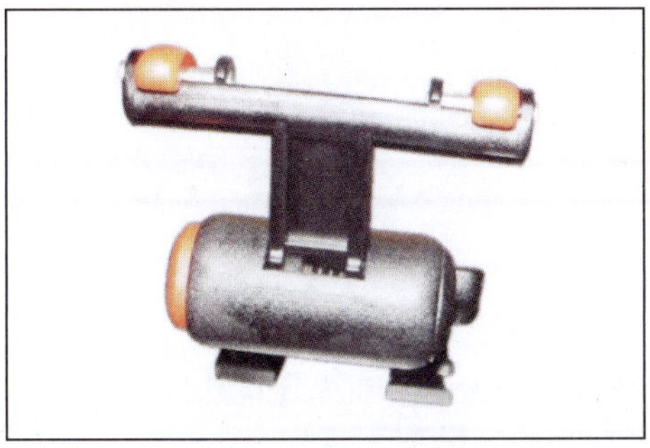

图5－14　天窗手开机构

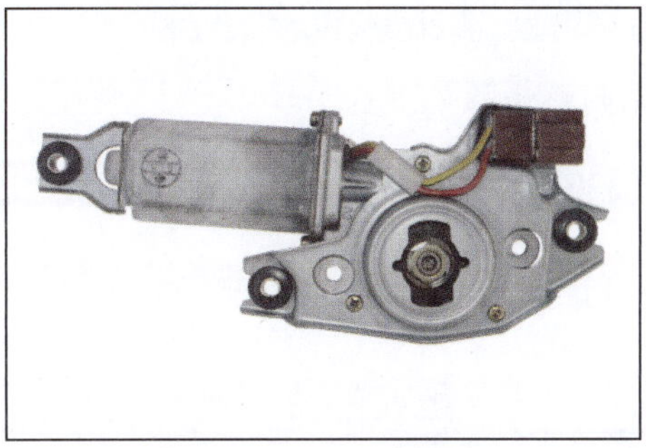

图5－15　天窗电机

注意事项3

对于后加装的天窗，若想使其正常运行，且尽量降低其故障率，就要保证以下四点：合格的产品、专业的安装、正确的使用和定期的保养。

注意事项4

为了确保天窗完全防水，它由橡胶密封圈密封，日常使用时要注意密封圈的防尘，尤其在冬季，要经常用除尘掸进行清洁，但要注意的是，不能在有冰冻的情况下开启天窗，在风沙较大的春秋两季，要每两个月用湿海绵清洁一次密封圈，另外，带天窗的车辆在长久停放前，要用滑石粉（用滑石粉保养，可延长密封圈的使用寿命）彻底清洁一次，以免因时间过长造成密封圈在空气中发生化学反应而自然老化，见图5—16。

注意事项5

在用高压水枪对车辆进行清洁时，不要将水柱直接对准密封圈，这不仅容易使密封圈在高压水柱压力下变形而使水进入车内，还有可能损坏密封圈。

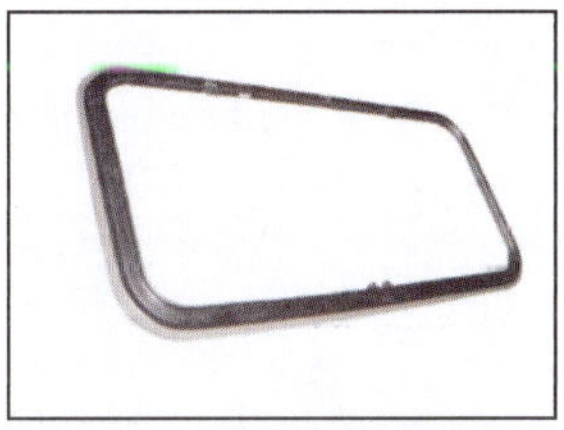

图5－16　橡胶密封圈

2. 电动天窗的维护保养程序

电动天窗的维护保养程序如下：

步骤1　将天窗完全打开。

步骤2　用干净软布轻擦天窗滑轨上的灰尘。

步骤3　选择不易吸附灰尘的润滑剂（这样的润滑剂能防止滑动部分和管道在运动过程中过早磨损，还能防止其他不正常的天窗故障，能起到延长天窗使用寿命的作用）。

步骤4　对天窗活动部分和传动管道进行润滑，图5–17。

步骤5　将天窗完全打开、关闭几次，再用软布擦掉多余的润滑剂，以免污染车内饰品。

图5－17　对天窗活动部分进行润滑

3. 电动天窗的初始化调整

初始化调整步骤如下：

步骤1 首先保证天窗电机和机械组必须处于“零位”。

步骤2 拆卸驱动罩盖。

步骤3 拔、插控制单元到电机的插头，拔、插延迟时间应大于3s，然后按照先连接挡位开关，再连接电源的顺序进行连接。

步骤4 旋转挡位开关从关闭位置顺时针旋转一定角度（约15°），并在电机没有运转起来前迅速把开关回到关闭位，然后按下挡位开关的一端（此操作同执行紧急关闭功能，并应在开关回到关闭位后的5s内完成），天窗开始进入初始化过程，即自动完成全开关闭翘起关闭的完整操作。

步骤5 天窗关闭后，释放挡位开关，初始化结束。

初始化注意事项如下：

注意事项1

维修站在判断天窗电机有故障前（除天窗电机本身不工作外），应首先进行天窗电机、天窗机械组的“零位”检查，然后对电机进行必需的初始化操作。

注意事项2

若在电机初始化过程中发生异常现象，则应注意电机和挡位开关及电源的连接顺序是否符合要求，即先连接挡位开关，再连接电源插头，若仍无法完成初始化，则考虑更换电机。

注意事项3

电机完成初始化后，则可进行正常的天窗操作，若在随后的操作过程中有异常现象发生，应重点检查天窗机械组（轨道润滑是否良好，是否积灰太多导致运行阻力过大，轨道或传动机构是否存在机械变形等）。

课题小结

1. 电动车窗开关的耗电量很大，在慢车行驶时开窗的那一瞬间甚至会使发动机声音发生变化，所以蓄电池容量较小的汽车，注意不要将车窗同时开或关，以免影响蓄电池的供电。

2. 定期检查雨刮器片，当发现其严重磨损或有脏污时应更换或清洗，否则将降低雨刮器的工作效能，影响驾驶员视线。

思考与练习

填空题

对于后加装的天窗，若想使其正常运行，且尽量降低其故障率，就要保证以下四点：__________、__________、__________和__________。

第六部分

汽车电器设备的保养与维护

汽车电器设备是由电源和用电器两部分组成。电源包括蓄电池、发电机和发电机调节器等；用电器包括启动机、点火系、照明和信号装置、仪表以及显示系统、汽车的辅助电器设备、刮水器、收音机、防盗器等，见图6–1。

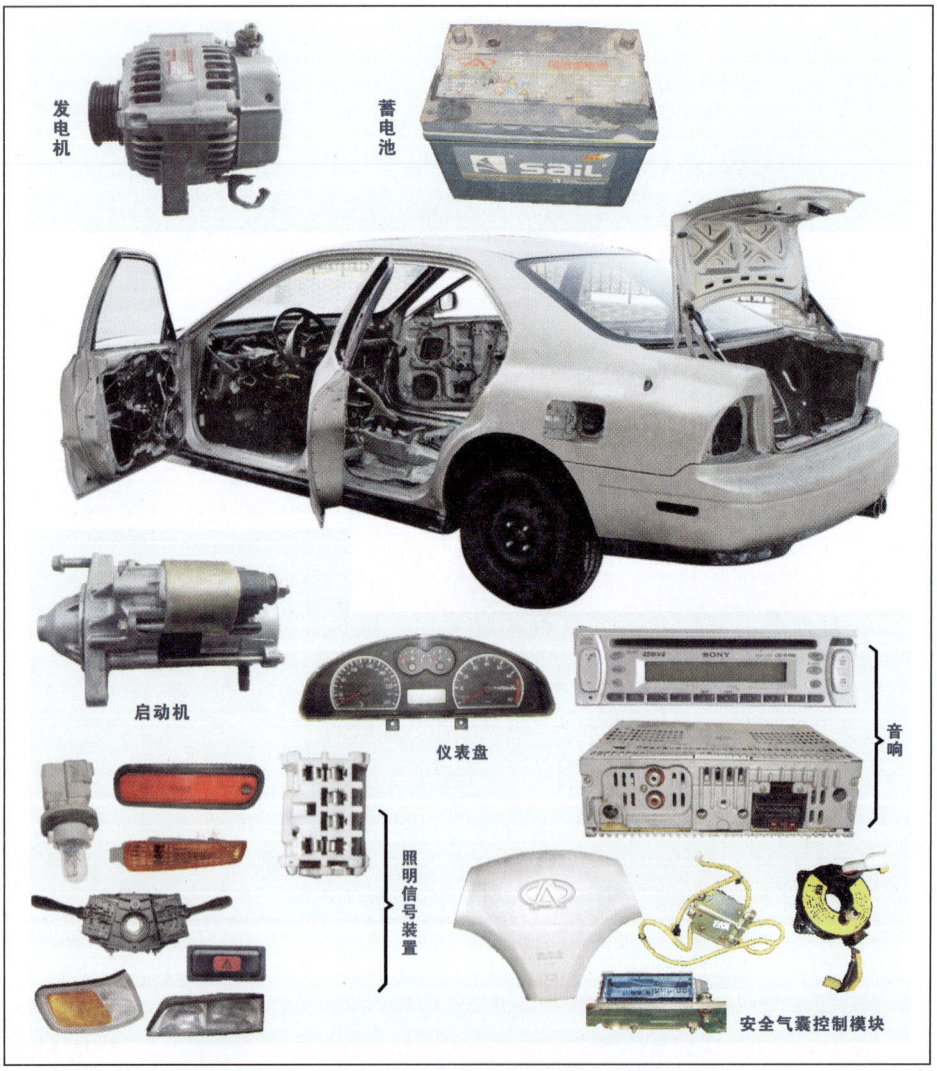

图6–1 汽车常用电气设备

情境一：蓄电池、交流发电机、启动机的保养与维护

一、蓄电池的保养与维护

图6-2 蓄电池总成

蓄电池（见图6-2）是汽车的重要电气设备，其性能的好坏将直接影响车辆的正常 运行。因此，在日常的运输、存储、更换等过程中，都要采取正确的维护和使用的方法。

1. 蓄电池的定期维护

（1）检查电解液液面

电解液液面距离蓄电池盖底部的距离不能大于1/8in（1in=25.4mm）。

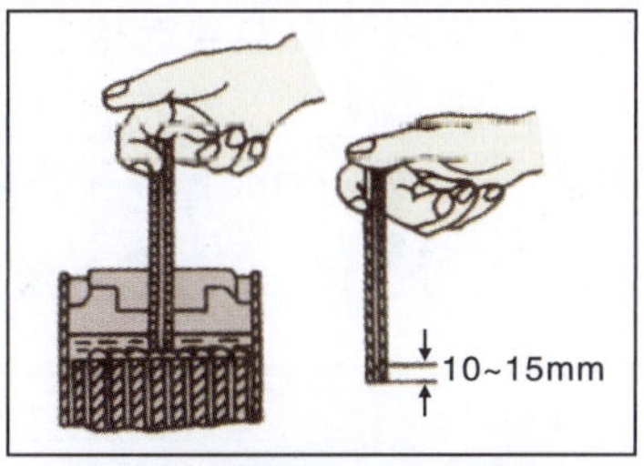

图6-3 用玻璃管测量电解液液面高度

为避免蓄电池的损坏，一定要确保电解液液面不低于极板的顶部，见图6-3。同时，也要避免因蒸馏水加注过度而导致电解液溢出的情况发生。另外，加注时，一定要使用蒸馏水，而不能使用普通自来水，因为自来水中含有的一些化合物可能会污染蓄电池。

如果是因为挥发而导致的电解液液面过低，则一定不要加入蓄电池酸液来补充电解液。

当蓄电池电解液损失时，水分会蒸发，而此时酸液仍留在蓄电池中。如果加入酸液，则会改变电解液的化学成分，并导致蓄电池很快失效。只有在电解液意外溢出的情况下才可以加入电解液。另外，也不要使用蓄电池添加剂如阿司匹林以及其他不是蓄电池生产商推荐的补偿方法。因为这些措施没有任何一种被证明能够延长蓄电池的寿命，相反它们可能还会缩短蓄电池的寿命。

（2）检查蓄电池的接线柱和导线

如果它们已经脏污或被腐蚀了，则应使用刮片或钢丝刷清理连接处。如果腐蚀非常严重，则需要查找出造成腐蚀的原因，腐蚀可能是由于蓄电池电解液溢出造成的。电解液里含有硫酸，而硫酸具有很强的腐蚀性。

(3)保持蓄电池顶部的清洁

用1：1的碳酸氢钠（小苏打）和水的溶液去除蓄电池顶部厚厚的灰尘和腐蚀物的聚集物。为了进行彻底的清洗，可能还需要使用钢丝刷或专用的蓄电池接线柱清洗工具，最后再用干净的水冲洗蓄电池顶部区域，并使之完全晾干。

(4)检查蓄电池的安装紧固部件

蓄电池必须安装牢靠，以防止车辆在运行时蓄电池出现松动。蓄电池非常重，如果不能对其正确的约束，会产生晃动，当车辆在道路上遇到凸起物或坑洼时，蓄电池将会在发动机盖下面跳动。鉴于以下三方面的原因，是不允许这种情况的发生。

①蓄电池的正极接线柱可能会与车身上的接地搭铁部件接触，从而造成电路的短路；

②经常性的振动和晃动对蓄电池是有害的，它将会缩短蓄电池的使用寿命；

③蓄电池松动会给接线柱和接线夹施加额外的重负并导致其失效，而接线夹失效可能导致发动机意外失速。

(5)检查放电程度

一般地，冬季放电达25%，夏季放电达50%，就应将蓄电池拆下进行补充充电。由于电解液密度随放电加深而降低，因此可用测量电解液密度的方法来检查蓄电池的放电程度，见图6-4。根据经验，电解液密度每减少0.01g/cm³，相当于蓄电池放电6%左右。捷达轿车用蓄电池在不同状态下的密度值，见表6-1。检查时，测得电解液密度及其温度，按下式换算为20℃时的密度。

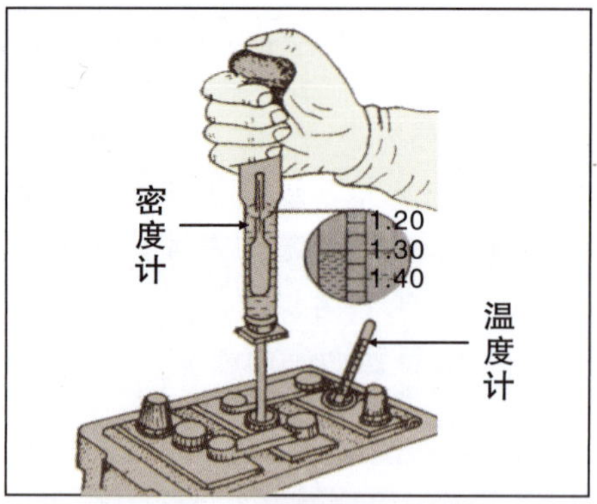

图6-4 检查蓄电池放电程度

表6-1 蓄电池密度值表

注：°Be为Baume值

常温地带充电	°Be	密度g/cm³
放电	16	1.12
半充电	24	1.20
完全充电	32	1.28
热带地区充电	°Be	密度g/cm³
放电	11	1.08
半充电	18	1.14
完全充电	27	

密度=$S_{20}-S_{\tau}+0.007(t-20)$

式中：S_{20}标准温度（20℃）下的密度（g/cm³）；

S_{τ}实测密度（g/cm³）；

t实测温度（℃）。

2. 蓄电池的更换

在进行蓄电池的更换时，应注意遵守相应的规范操作：

- 操作1 关闭发动机和车辆上的所有电器。
- 操作2 取下蓄电池。
- 操作3 确认新蓄电池与旧蓄电池性能相一致。
- 操作4 清洁蓄电池端柱和车辆连线接头。
- 操作5 安装并固定蓄电池。
- 操作6 连接蓄电池与车辆的连线（先正后负）。

在蓄电池的安装过程中，要防止蓄电池正负极的意外短路（可参照图6-5所示位置）。在两极断开和连接的时候，应保证正确的先后顺序，换句话说，就是在任何情况下都应避免负极单独连接蓄电池。另外，部分高档车辆断电时，可能需要重新设定参数，所以在更换该类车辆的蓄电池时，应保持车辆电器不断电。

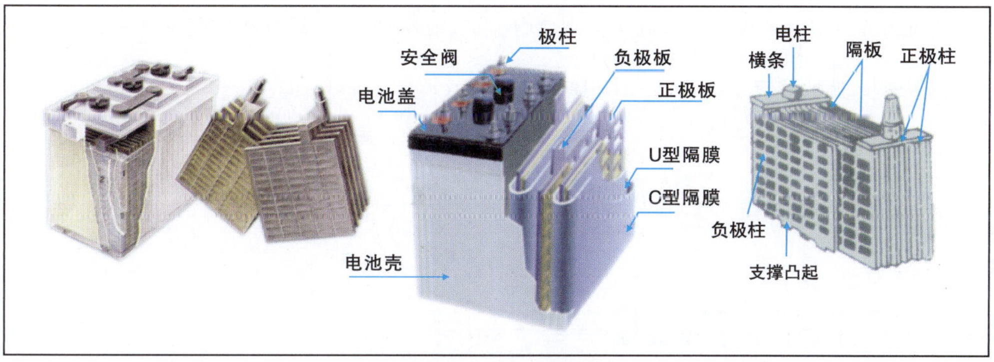

图6-5 蓄电池解构图

3. 蓄电池电压的检查

在检查捷达系列轿车蓄电池电压前，应使车辆至少处于静止状态2h，2h内不启动、不加载、不卸载。

按下列次序，测量蓄电池开路电压：

- 步骤1 用蓄电池检测仪V.A.G1362（见图6-6）测量蓄电池接线柱间的断路电压（点火开关关闭）。
- 步骤2 若显示电压等于或大于12.5V时，则蓄电池正常。
- 步骤3 如果电压低于12.5V，则要查找原因。

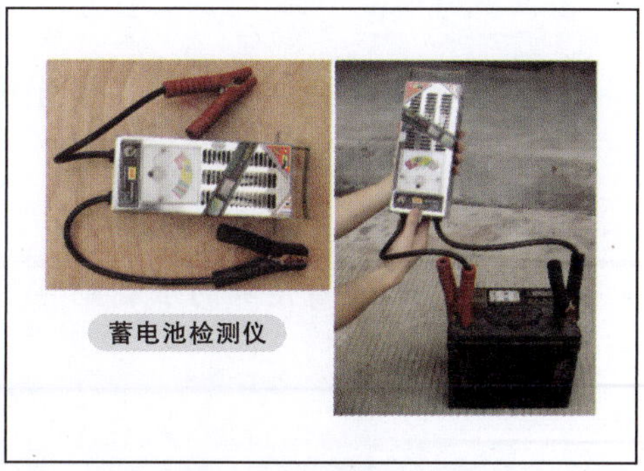

图6-6 蓄电池电压检测

注意

不能用数字万用表或手动万用表测量蓄电池电压，这种测量方式在测量电路内无负载，而蓄电池本身又带浮电，所以测量时，仪表显示值不一定是蓄电池的实际电压，导致测量不准确。

4. 蓄电池早期损坏的主要原因

蓄电池早期损坏的主要原因如下：

原因1 电解液液面低于极板，使露出液面部分的极板硫化，见图6-7。

原因2 蓄电池长期充电不足，使极板硫化。

原因3 蓄电池固定不牢，行驶中造成剧烈振动致使蓄电池外壳盒盖破裂，极柱、连接板断裂等。

原因4 蓄电池极柱和夹头安装过松或过紧，拆装时敲打夹头，致使极柱损坏。

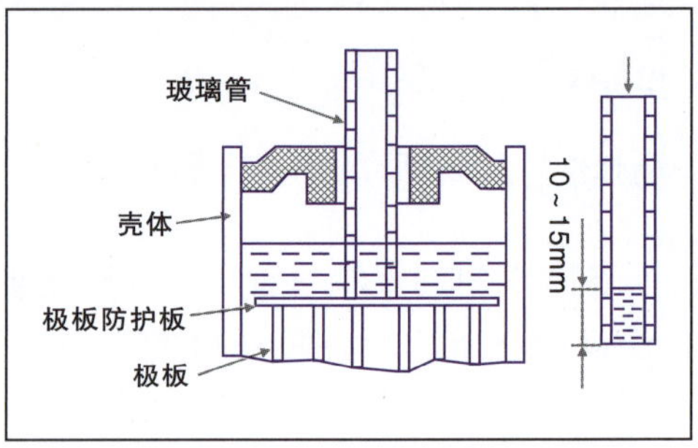

图6-7 蓄电池电解液页面高度的检查

原因5 长时间连续使用启动机，使蓄电池急剧放电，造成极板弯曲，活性物质脱落。

原因6 在冬季蓄电池放电后未及时充电，电解液密度过低而结冰，使活性物质脱落，缩短了蓄电池使用寿命。

原因7 电解液中加入了不纯的蒸馏水，或加注的蒸馏水中含有金属杂质。电解液中有杂质，会产生局部自行放电。

5. 蓄电池使用应急注意事项

利用其他车辆的蓄电池进行应急启动时，如果蓄电池的电压下降而无法启动发动机时，可用另一车辆上的蓄电池启动发动机。

连接导线时要注意以下事项：

注意事项1

两车的蓄电池的额定电压必须均为12V，两蓄电池的电容量也必须一致。

注意事项2

跨接电缆必须有足够的承载能力。

注意事项3

只能使用带绝缘夹的跨接电缆。

注意事项4

无电蓄电池在-10℃以下时可能结冰，一旦发现蓄电池结冰，则必须先将其解冻后方能连接跨接电缆，否则，可能引起爆炸。

注意事项5

在任何情况下，两车不得相互接触，一旦连接两蓄电池的正极，电流马上就会流通。

注意事项6

无电蓄电池与整车系统的连接必须正确无误。

注意事项7

装有升压蓄电池的轿车，其发动机必须处于运转状态。

注意事项8

按照下列顺序连接跨接电缆：

①将正极电缆的一端连接到无电蓄电池的正极接线柱上。
②将正极电缆的另一端连接到升压蓄电池的正极接线柱上。
③将负极跨接电缆的一端接到升压蓄电池的负极接线柱上。
④将负极跨接电缆的另一端用螺栓接到无电汽车的缸体的金属部件或缸体上，不要接到无电蓄电池的负极接线柱上，防止产生电火花，防止点燃蓄电池溢出易爆气体。

注意事项9

按照下列顺序连接跨接电缆：

在启动过程中要注意以下几点：

①在任何情况下，电缆线夹的非绝缘部分不得相互接触，与蓄电池正极接线柱连接的跨接电缆切勿与车体导电部件相接触，以防发生短路。
②应适当布置跨接电缆，避免其与发动机舱内的旋转部件接触。
③操作时，操作者的脸部切勿直接面对蓄电池顶部，防止脸部被酸烧伤。
④火源必须远离蓄电池，防止引起爆炸。
⑤按照常规方法启动发动机。

二、交流发电机的保养与维护

1. 发电机整机的检查

交流发电机（见图6-8）整机检验最常见检验方法为实车检验法，其步骤如下：

步骤1 首先将发电机皮带张力调整好，见图6-9，然后拆掉发电机的所有连线，另用一根导线把发电机“+”（电枢）接线柱与“F”（磁场）接线柱连接起来。

步骤2 将万用表拨至0～50V直流电压挡，将其正表笔接“电枢”接线柱，负表笔接外壳，见图6-10。

图6-8 交流发电机整体图

图6-9 调整发电机皮带张紧力

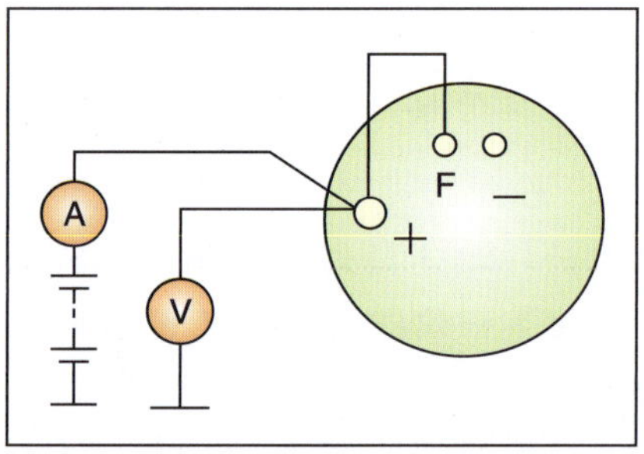

图6-10 车上检查发电机示意图

交流发电机的工作是保证给蓄电池充分充电，以便在发动机工作时，蓄电池能够向汽车各电子部件提供稳定的电能。

步骤3 启动发动机，并把从发电机“电枢”接线柱上拆下的那根来自蓄电池正极的导线，与发电机“电枢”或“磁场”接线柱碰一下，对发电机进行他励，然后慢慢提高发动机转速，观察电压表，如果电压表所指电压值随发动机转速升高而增大则说明发电机良好；若电压表无电压指示，则说明发电机不发电。

其故障可能是：整流二极管击穿、转子或定子绕组搭铁、短路或断路、电刷卡住等。此时就应该进行分解检查。

2. 发电机分解检查

交流发电机分解图如图6-11所示。

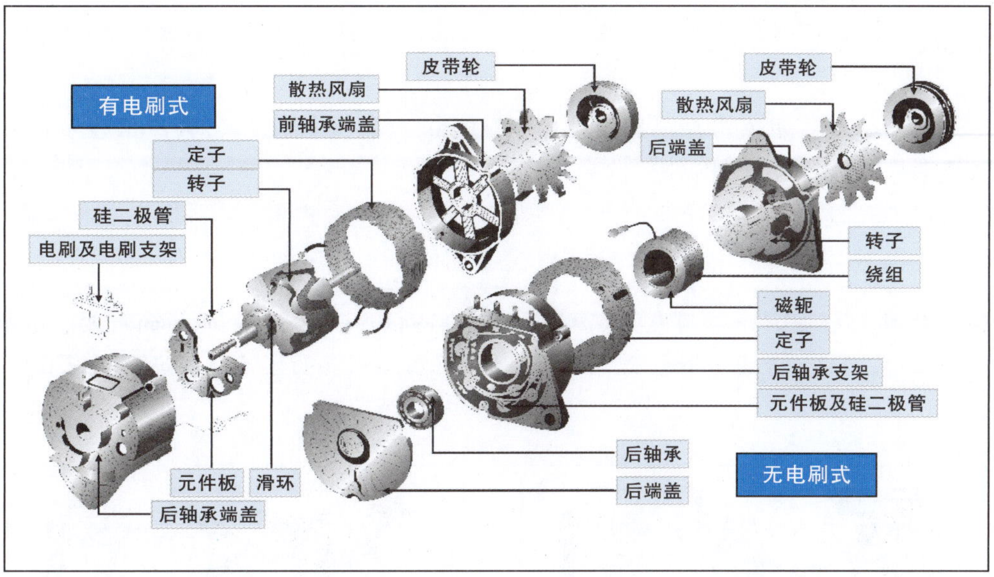

图6-11 交流发电机解构图

（1）转子绕组的检查

转子绕组的检查如下：

检查转子是否对地短路

按图6-12检查时，所测阻值应为无穷大或在kΩ范围内；否则有搭铁故障。

检查转子绕组间是否短路或断路

按图6-13进行检查。用万用表检查两集电环之间电阻，其电阻读数为2.8~3.0Ω。若测得阻值符合该范围，则说明绕组无短路、断路故障；若测得电阻值低于2.8~3.0Ω，则说明转子有短路故障；若测得电阻值无穷大或在kΩ范围，则说明转子有断路故障。

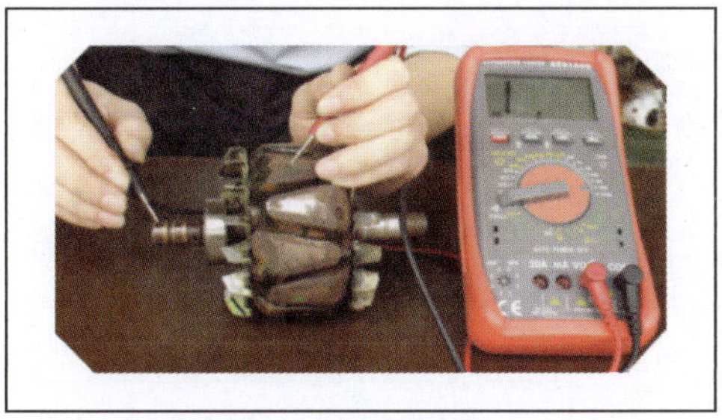

图6-12 转子对地短路的检验

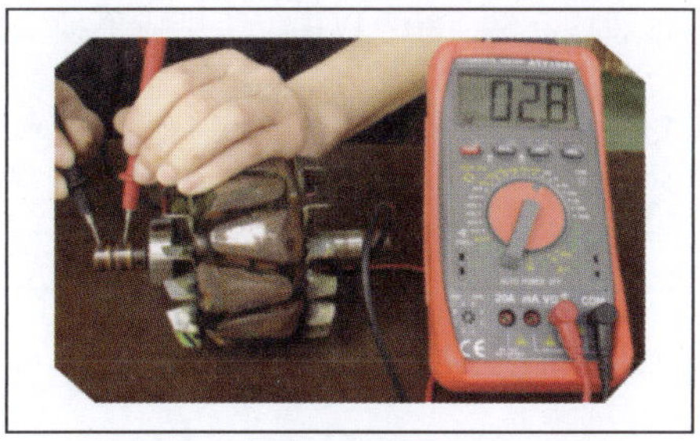

图6-13 转子绕组间短路的检验

（2）定子绕组的检查

定子绕组的检查如下：

检查转子是否对地短路

定子对地短路的检查。用万用表分别测量1和2、1和3、1和4处的电阻，其阻值为无穷大或在kΩ范围内；否则有搭铁故障，见图6-14。

检查转子是否对地短路

定子绕组内断路的检查。用万用表分别测量线圈抽头1和2、1和3、2和3处的电阻，正常情况下，所测得的三个阻值都在1Ω以下且相等。若测量值在kΩ范围，则表明定子绕组断路，见图6-15。

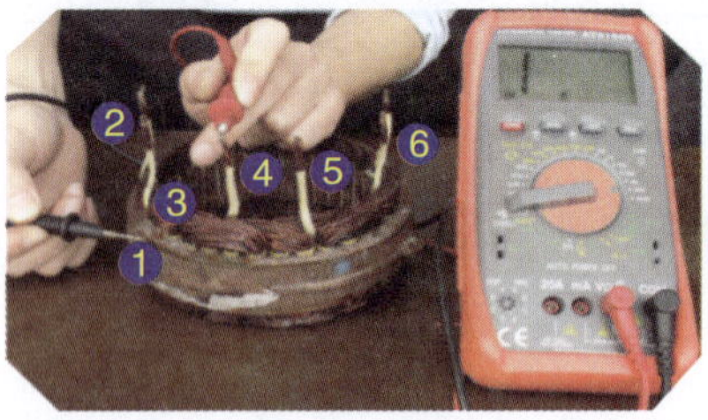

图6-14 定子对地短路的检查

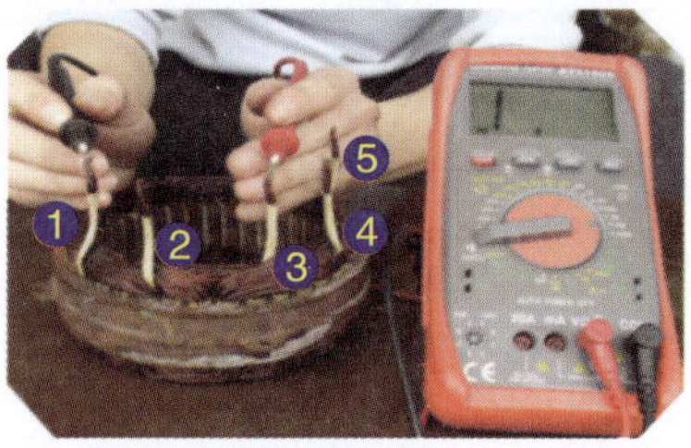

图6-15 定子绕组内断路的检查

（3）二极管板检查

二极管板的检查步骤如下：

步骤1 用电烙铁断开定子绕组，先将万用表调至检测二极管挡，图6-16。

步骤2 检测正二极管，用万用表“+”表笔接散热片，用“-”表笔逐个接二极管引线进行测量，全部读数应在50～80Ω以内，否则应更换二极管。

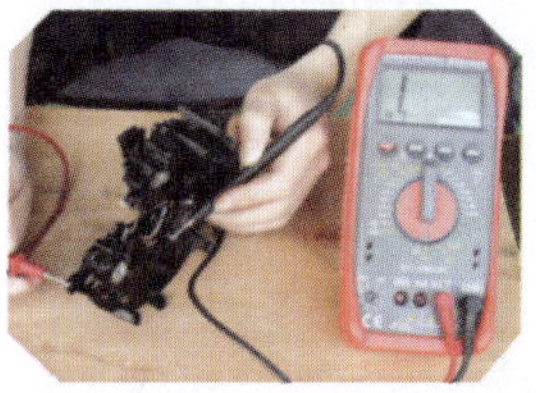

图6-16 二极管板的检查

步骤3 检测负二极管，用万用表“-”表笔接负极散热片，用“+”表笔逐个接二极管引线进行测量，全部读数应在50～80Ω以内，否则应更换二极管。

步骤4 检测励磁二极管，用万用表“+”表笔接在励磁端，用“-”表笔逐个接二极管引线进行测量，全部读数应在50～80Ω以内，否则应更换二极管。

（4）机械方面的检查

转子轴可用如图6-17所示方法检查轴的径向跳动，标准应不大于0.10mm。

滑环的表面应清洁、平整、光滑，圆度公差不大于0.25mm。

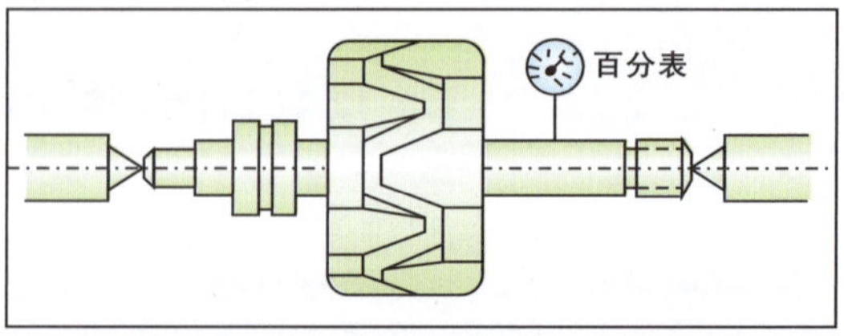

图6-17 转子轴的径向跳动的检查

（5）电压调节器检查

电压调节器采用试验检查法进行，其试验检查电路，见图6-18，试验用电源宜采用可变直流电源。当开关闭合时，指示灯应亮；调节可变直流电源，当电源电压达到被检测的调节电压值时，指示灯应灭。否则，说明电压调节器有故障。

电刷架应无破损和变形，炭刷能活动自如，见图6-19。若电刷磨损超过极限长度5mm时，应更换电刷。调整驱动发电机皮带的张紧力，新皮带挠度为2mm，旧皮带为5mm为适宜。

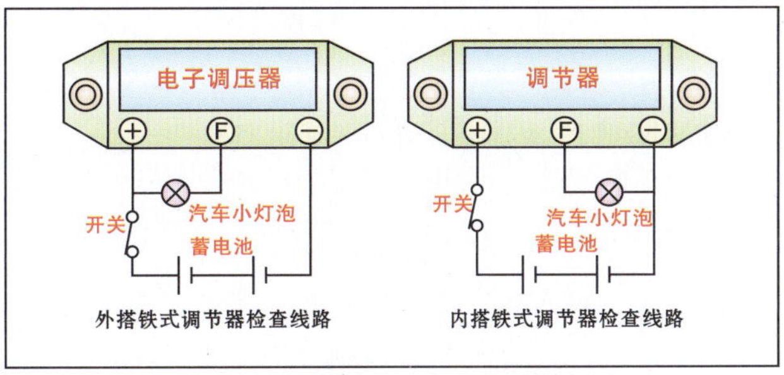

图6-18 调节器试验检查电路

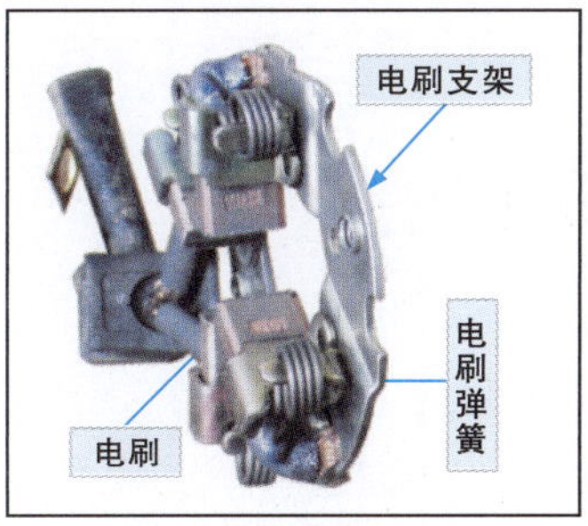

图6-19 发电机电刷架

三、启动机的保养与维护

启动机是为启动发动机而设置的，通过它的启动来转动曲轴。启动机工作在大电流、高功率的环境下，平时应对其进行良好的养护。

1. 启动机的日常检查

检查项目1:

若是开关接触不良，可用细砂布磨光，如果弹簧或绝缘体坏，要及时更换。

检查项目2:

移动杠杆弯曲，应给予校正。

检查项目3:

驱动弹簧折断，要配换新件，如是弹簧装置的螺纹松脱，应将其旋紧。

检查项目4:

套管与驱动齿轮间有污垢阻塞，要将它洗刷干净，同时加入机油数滴。

检查项目5:

吸铁式的移动杠杆失调，可拆下吸铁开关，旋动杠杆与圆柱体的连杆调整。

检查项目6:

启动发动机时，这时启动机从蓄电池吸取的电流约为300～400A，因此为避免蓄电池放电过甚损坏，启动机启动时间不可太久，约5s以内。如果一次不能启动，要停止少许时间（约10～15s），再启动第二次。连续3次以上启动不着，应在查明原因后再启动。

检查项目7:

各线接头必须旋紧，应经常保持清洁与干燥，如发现电线损坏，可用胶布包扎。

检查项目8:

整流器应按规定定期清洁，如有积垢，可用洁布蘸汽油擦拭，但必须切断电源。

检查项目9:

电刷弹簧如变软或折断，应更换新件。

检查项目10:

启动机固定螺栓的拧紧力矩为60N·m。

2. 启动机故障检查

启动机总成及解构如图6-20所示。

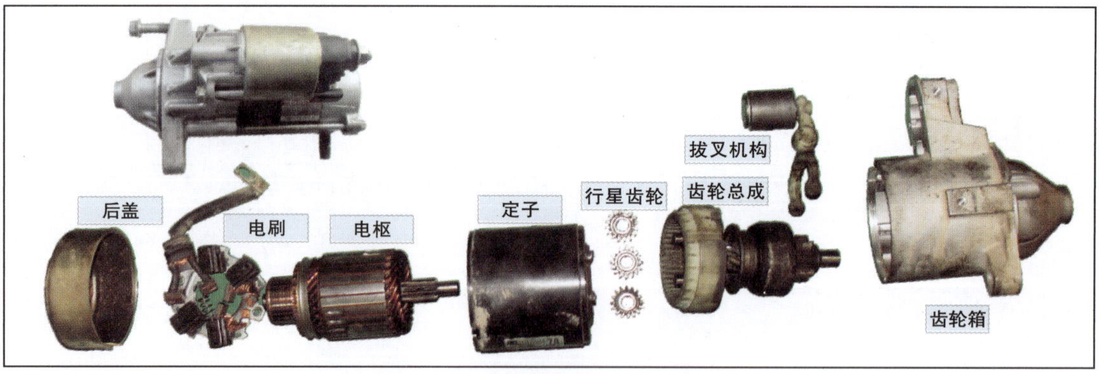

图6-20 启动机总成及解构图

启动机常会出现不能转动或转动缓慢的故障和现象，遇有这种情况，应从以下五方面进行检查：

检查项目1:

蓄电池无电或电力微弱，于是出现启动机不能转动或转动缓慢。

检查项目2:

启动机线头松动或脱落，开关或吸铁开关失效。

检查项目3:

电刷磨损或刷面不正，弹簧无力，以至于整流器接触不良。

检查项目4:

磁场线圈或电枢线圈短路和断路。

检查项目5:

整流器污损，云母片凸出，造成电刷与整流器接触不良。

情境二：灯光、信号装置的保养与维护

外部车灯（见图6–21）的及时维护十分重要，因为这不仅影响到行车的舒适性，而且还关系到行车的安全性。通常情况下车主自己很难意识到前大灯、尾灯、转向灯或刹车灯是否仍在正常进行工作。大多情况下，车灯的故障绝不仅仅是烧灯泡、插座锈蚀或插头损坏这一类的小毛病，经常是“病理”比较复杂，往往需要采取专业的诊断技术来分析故障发生的根本原因。即使是那些低价位的汽车，其内部和外部灯具也是由电脑进行控制的；而那些豪华汽车，仅其前大灯就由多台电脑进行控制。如果前大灯损坏，通常采用类似的灯具进行更换。

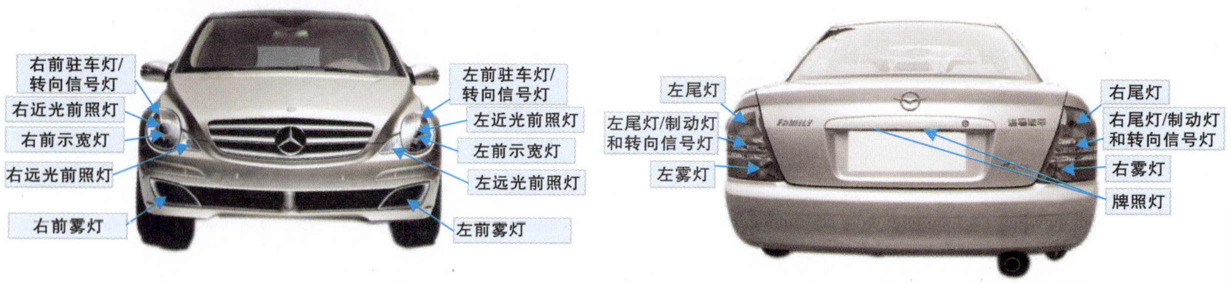

图6–21 外部车灯位置图

注意

普通的石英卤素灯泡不能在此应用。另外，还要检查前大灯镜头是否有裂纹，因为虽然表面裂纹并不会影响前大灯的照明性能，但是湿气会沿着裂缝渗入灯具内，这势必将降低灯泡的使用寿命。前大灯光照方向的校准也应列入维护项目清单中，因为为了确保驾驶者行车的安全，一定要确保前大灯能够为行驶车辆提供良好的正向照明。

转向灯、车牌照明灯、示廓灯、倒车灯以及刹车灯（包括中间高位刹车灯）等也应定期检查。另外，许多车辆还将雾灯作为标准装备或流行的选装件，雾灯一般安装在汽车上较低的位置，因此极易受到石块的损伤，在对其进行维护时，除了检查照明系统本身外，车灯镜头的裂纹也不应被忽视。

一、前照灯的检查与调整

图6-22 前大灯照射位置调整的螺钉

前照灯的调整对安全行车十分重要，需用专门设备进行。滚花螺钉①（见图6-22）用于垂直方向的调整，顺时针方向转动螺钉①，光束下移，逆时针转动螺钉①，光束上移。滚花螺钉②用于横向调整，左右转动螺钉②可以实现光束的左右移动。调整前大灯照射位置时，汽车轮胎气压应在标准范围内，驾驶员座椅乘坐一人或放置75kg重物，燃油箱应注满燃油，汽车上的随车装置应装备齐全。

前照灯的调整以近光灯丝的配光性为准，调整步骤：

步骤1 在轮胎气压正常情况下，将被调整的车和校验屏幕垂直停放在平直地面上，车和屏幕相距10m，前座坐一人或配重75kg。

步骤2 调整灯光调节螺钉，使灯光明暗截止线与校验屏幕上的分离线重合，明暗截止线的拐点与中心标记重合，见图6-23。

步骤3 灯光调整应单灯进行，在调整其中一个灯时，应该把另一个灯遮盖住，或者拔掉另一个灯的熔丝。

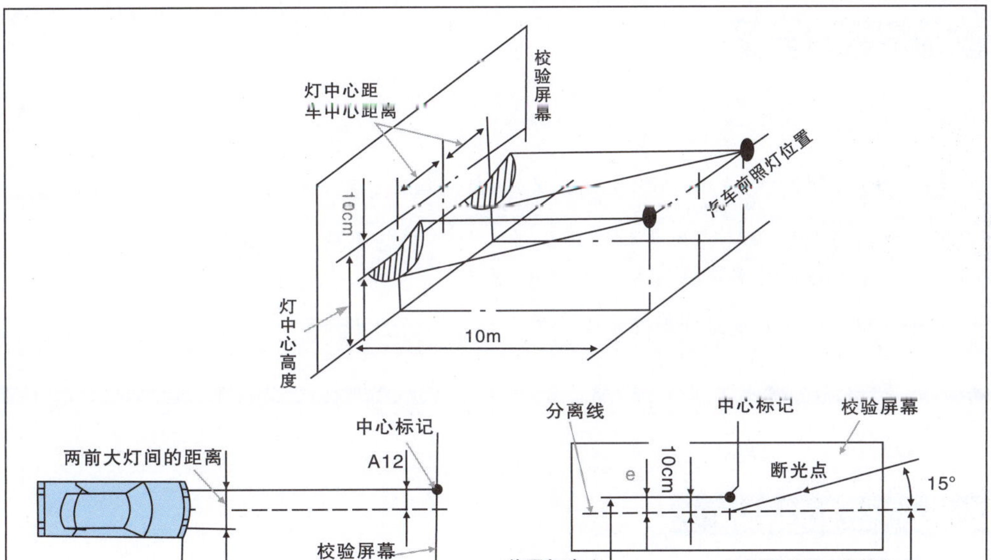

图6-23 灯光校验屏与前照灯调整关系

二、灯泡的更换

1. 前大灯灯泡的更换

前大灯灯泡的更换步骤如下：

步骤1 将点火开关置于[OFF]位置，打开发动机盖。

步骤2 灯泡冷却后拧下大灯固定螺栓，见图6-24。

步骤3 分离导线连接器。

步骤4 拆下防尘盖。

步骤5 按下安全弹簧，拆下灯泡，用同容量灯泡更换，见图6-25。

步骤6 按拆卸的相反顺序安装。

图6-24 拆大灯总成

图6-25 拆灯泡

2. 制动灯灯泡的更换

制动灯灯泡的更换步骤如下：

步骤1 制动灯灯泡安装在前大灯反光镜中，因此更换时应打开发动机罩。

步骤2 更换右侧停车灯时，应先拆去灯罩（见前大灯灯泡的更换），向左旋转灯座，从反光镜中取出灯座，向灯座内推压灯泡并向左旋转，取出坏灯泡。

步骤3 插入新灯泡，并将装有新灯泡的灯座装回反光镜中向右旋转。

步骤4 最后安装好灯罩。

3. 前转向灯灯泡的更换

前转向灯灯泡的更换步骤如下：

步骤1 用螺丝刀拧出转向灯罩固定螺钉，用一字螺丝刀把转向灯罩从螺丝孔一侧小心地向前撬开，将灯座向左旋，取出灯座。

步骤2 向灯座中推压坏灯泡，左旋拉出坏灯泡。

步骤3 装入新灯泡向右转将其卡住。

步骤4 装上灯座，向右转卡住灯座。

步骤5 然后把螺钉卡口压入车身上的螺钉孔中，拧上转向灯罩固定螺钉。

4. 尾灯灯泡的更换

尾灯灯泡的更换步骤如下：

步骤1	打开行李舱盖，向灯座内推压两个定位片，取出灯架。
步骤2	向灯座内推压坏灯泡，向左转取出坏灯泡。
步骤3	装入新灯泡，向右旋将其卡牢。
步骤4	插入灯架，确保定位片到位。

5. 牌照灯灯泡的更换

尾灯灯泡的更换步骤如下：

步骤1	拆下灯罩，拉出牌照灯总成，拆下坏灯泡。
步骤2	装入新灯泡，将灯座和灯罩装在一起（灯泡上的定位点必须与灯座上的定位点对正），然后与橡胶密封圈一起装入，拧紧灯罩固定螺钉，但不能拧得太紧。

6. 车内照明灯灯泡的更换

小心地向灯的中心推压与灯相对的定位弹簧，拆下车内照明灯总成，取出坏灯泡，换上新灯泡后，先将车内照明灯总成带开关的一侧装上，再将定位弹簧卡牢。

7. 行李舱灯灯泡的更换

从行李舱灯前面的凹坑中插入螺丝刀，小心地将灯撬下来。换上新灯泡，并将其从有导线接头一侧装上。

情境三：安全气囊的保养与维护

安全气囊（见图6-26）被动安全保护装置，可以有效保障驾驶员人和乘客的安全。安全驾驶中，安全气囊是不会起作用的，一旦发生紧急情况尤其是正面碰撞，它就会起到保证您生命安全的作用。

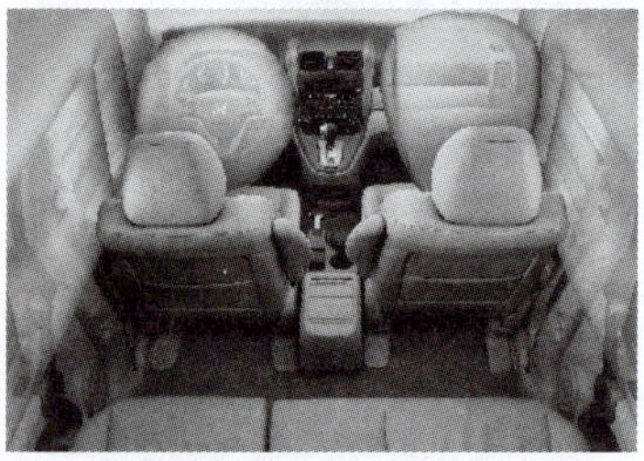

图6-26 安全气囊

一、SRS系统的保养与维护

SRS系统的保养与维护项目如下：

项目1

SRS系统的气囊保存要严格按规定执行。SRS气囊保存时，若存放位置不当，可能会引起气囊误触发，例如丰田皇冠轿车的SRS气囊不允许竖直放置。

项目2

安全气囊组件的检查与拆装需要有专业人士承担。

项目3

对安全气囊系统的任何作业均应先摘下蓄电池电缆，30s以后，待控制块中的电容完全放电后再进行，以免造成气囊误爆。

项目4

不要使安全气囊系统的部件受到85℃以上的高温。

项目5

安全气囊组件和控制块要避免受到磕碰和振动。

项目6

对安全气囊系统的电气测试要待系统安装好后才可进行，切不可用万用表测量气囊引发器的电阻，以免造成气囊误爆。

项目7

不得擅自改动安全气囊系统的线路和元件。

项目8

对安全气囊传感器不能进行人为冲击试验。在汽车修理作业中如对传感器会有冲击，应将它拆下，待修理完毕后在按规定装复。

二、SRS安全气囊系统检修注意事项

1. 一般性故障预防措施

一般性故障预防措施如下：

措施1

认真仔细检查SRS零件表面，如果其表面已显示出现凹坑、裂缝及变形，则应立即更换。

措施2

不要使用万用表检查SRS引爆装置，可能会损坏安全气囊系统，甚至造成气囊自动引爆事故。

措施3

千万不可以使用从其他车上拆下的SRS零件，如需修理必须使用新件。

措施4

每当进行SRS线路检查时，首先一定要拆下蓄电池负极导线等待15分钟后方可进行。

措施5

拆下来的安全气囊组件应存放在水平坚固表面上，且远离火源及任何油料、润滑脂、清洁剂和水等，存放时，应使其衬垫面朝上，并最好用棉花之类的东西罩住。

2. 线路故障预防措施

线路故障预防措施如下：

措施1

不可以试图修改、并接或修理SRS线路，若存在断路或导线损坏，则应更换整个SRS线束总成（所有SRS线路包覆着黄色绝缘体）。

措施2

要确保装设的电线不被挤压或干涉其他零件。

要确保所有的SRS接地部分清洁，并使接地部分的金属处紧密牢固地接触车身。不当的接地会造成故障，且不容易检测。

情境四：空调系统的保养与维护

为了确保空调装置（见图6-27）良好运转，要经常进行空调装置的维护。因为一旦出现故障，空调装置的修理成本将大大超过维护的费用。

空调装置维护水平的高低，直接影响其故障发生率的高低。

如果能按规定进行维护，就能使空调装置在其使用寿命期内不出故障或将故障发生率压缩到最低限度。

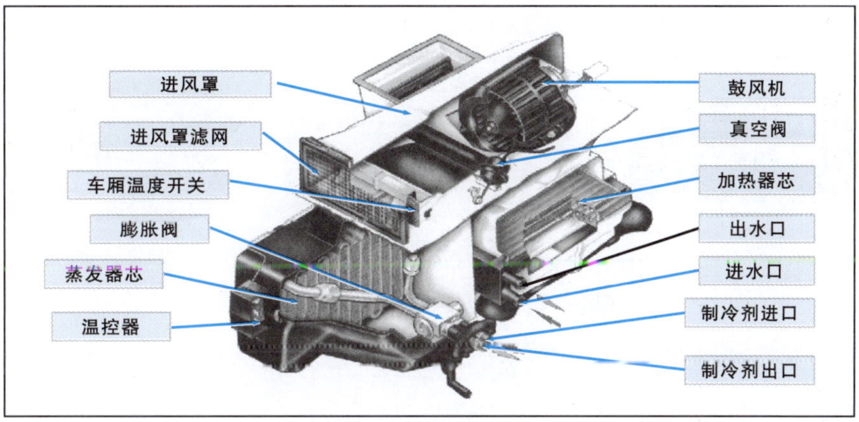

图6-27 空调系统部件

1. 日常维护

日常维护的检测项目如下：

检测项目1

从窥视孔观察制冷剂的气泡是否正常，避免制冷剂过多或者漏完，见图6-28。

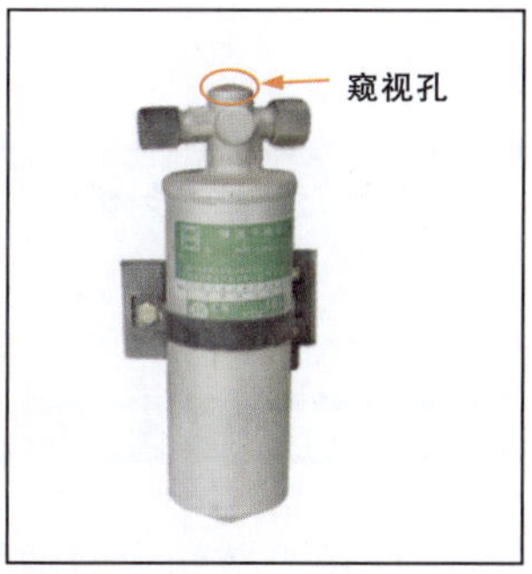

图6-28 干燥瓶窥视孔位置图

检测项目2

每一个月检查一次压缩机皮带、风机皮带的松紧度和皮带质量，见图6-29。发现松紧度不当应进行调整，如果皮带龟裂应予以更换。皮带松紧度的标准：用拇指全力压下皮带中点，其松紧读数为8mm时最佳。

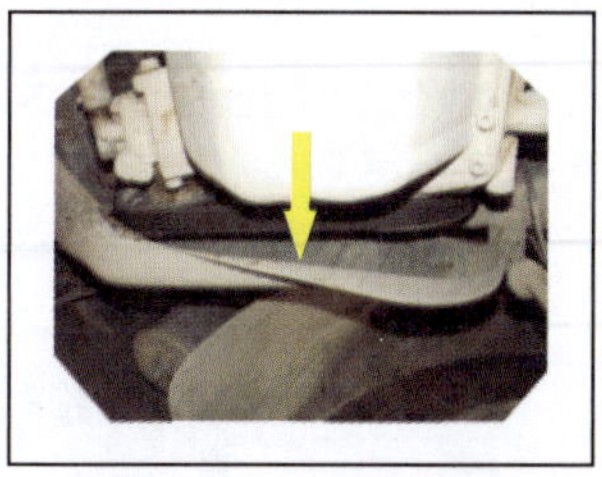

图6-29 皮带的检查

检测项目3

要经常检查紧固件，不应松动。

检测项目4

不管是否使用空调，每周必须使空调工作5～10min，以便润滑空调装置，延长压缩机寿命，压缩机实物见图6-30。

图6-30 空调压缩机

2. 使用季节前的检查和维护

使用季节前的检查和维护检测项目如下：

检测项目1

检查冷凝器、蒸发器的表面清洁度，如积灰太多应予清洗，然后用压缩空气吹干，见图6-31。

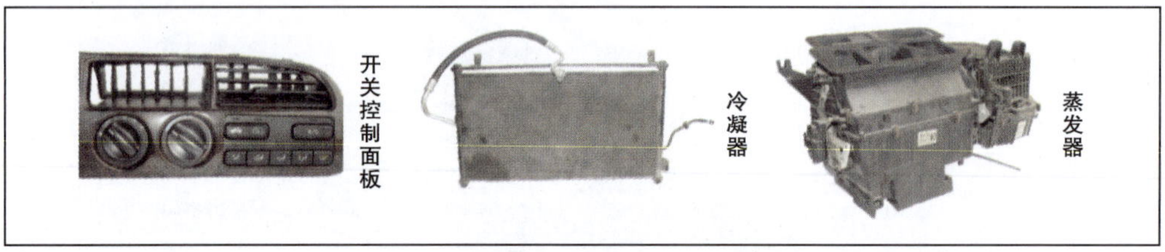

图6-31 空调开关及冷凝器、蒸发器

检测项目2

检查各开关、控制元件的性能是否可靠。

检测项目3

开机运转，检查空调装置工作是否可靠。

3. 使用季节结束时的检查和维护

使用季节结束时的检查和维护检测项目如下：

检测项目1

用检漏仪检漏，如泄漏，应进行修理。

检测项目2

检查离合器皮带轮的轴承是否有异响。

检测项目3

严禁在使用季节结束后，将压缩机皮带拆下，但可以稍稍地松弛皮带。

检测项目4

检查压缩机的油量，必要时给予补充。

检测项目5

若感觉制冷量不足时，可用以下方法检查。

①门窗关闭，打开中央出风口，其余出风口关闭，鼓风机开到最高挡，保持发动机2 000r/min，冷热拨杆拨在最冷位置。

②打开A/C开关，记录右出风口降至10℃的时间及压缩机第1次停转的时间。再查看图6-32，若时间与温度的交点落在阴影区内就属正常。

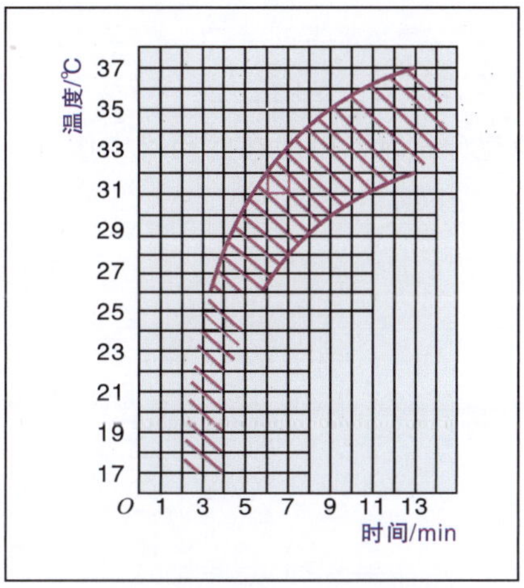

图6-32 温度下降曲线图

课题小结

1. 汽车电器设备是由电源和用电器两部分组成。电源包括蓄电池、发电机和发电机调节器等；用电器包括启动机、点火系、照明和信号装置、仪表以及显示系统、汽车的辅助电器设备、刮水器、收音机、防盗器等。

2. 安全气囊被动安全保护装置，可以有效保障驾驶员人和乘客的安全。安全驾驶中，安全气囊是不会起作用的，一旦发生紧急情况尤其是正面碰撞，它就会起到保证您生命安全的作用。

思考与练习

填空题

1. __________是为启动发动机而设置的，通过它的启动来转动曲轴。启动机工作在_____、_____的环境下，平时应对其进行良好的养护。

2. 交流发电机整机检验最常见检验方法为_________。

3. ______的工作是保证给蓄电池充分充电，以便在发动机工作时，蓄电池能够向汽车各电子部件提供稳定的______。